Fritz Heinrich Lotterfuchs

Vom aufgeklärten Verstand zur idealistischen Vernunft?

Das Verhältnis von Philosophie und Religion bei Hegel

Fritz Heinrich Lotterfuchs

Vom aufgeklärten Verstand zur idealistischen Vernunft?

Das Verhältnis von
Philosophie und Religion bei Hegel

Books on Demand

Bibliographische Information Der Deutschen Bibliothek:
Die Deutsche Bibliothek verzeichnet diese Publikation in
der Deutschen Nationalbibliographie; detaillierte bibliographische Daten sind im Internet abrufbar über
http://dnb.ddb.de

Herstellung und Verlag :

BoD – Books on Demand, Norderstedt

Gedruckt auf alterungsbeständigem Papier
(holz- und säurefrei)

Umschlaggestaltung : E. L. Schmidt

Printed in Germany

ISBN 978-3-7519-8415-7

Meinen Eltern

in Dankbarkeit

Hegel : Vom aufgeklärten Verstand zur idealistischen Vernunft?

Volksreligion − Vernunft − Liebe?

Die Logik der alttestamentarischen Gerechtigkeitsreligion überlebt beim Lutheraner Hegel in seiner „Rechtsphilosophie", und die Prädestinationslehre Luthers im Konzept einer „List der Vernunft", die sich der persönlichen Leidenschaften der Individuen nur unbemerkt bediene, um hinterrücks ihre Vorsehungsziele zu erreichen. Aber dass kein Mensch von sich aus das Sittengesetz erfüllen könne, sondern angewiesen bleibe auf das Erlösungswerk Christi, kann Hegel nicht dulden, ohne die Vernunftautonomie der Philosophie preiszugeben.

Hier ist der Punkt, wo Hegel die protestantische Innerlichkeit und Selbstgewissheit jeder patriarchalischen und katholisch-papistischen Gesetzesfrömmigkeit überlegen sieht, aber das protestantisch gereinigte Christentum jeder Philosophie unterlegen. Das Gesetz Gottes ist ihm ebenso zu heteronom wie der lutherisch zugespitzte paulinische Gnadenglaube und die Glaubensgnade.

Für Hegel streift der biblische Vatergott seine Außerweltlichkeit erst in Jesus Christus ebenso ab, wie die Liebe erst in der monogamen Familienehe ihre roman- tische Schwärmerei und sinnliche Flüchtigkeit verliert. Im Gottesgesetz sieht er genau jene irrationale Heteronomie, die er im preußischen Staat nicht mehr entdecken kann. Das antagonistische „System der Bedürfnisse" sprenge zwar die Sittlichkeit der Familie, aber der Rechtsstaat sei die Synthese von Familienleben und Gesellschaftsleben, von Privatsphäre und Öffentlichkeit, von Intimsphäre und

7

Gemeinwesen. Wenn bürgerliches Christen- tum und christliche Familie kollidieren, umso schlimmer für die letztere.

Karl Marx hat die bürgerliche Gesellschaft ihre proletarischen Opfer und Totengräber produzieren sehen, aber so wenig wie Hegel die gesetzestreue Familiarität der Lohnsklaven gegen die rechtsstaatliche Zähmung der kapitalistisch zweiten Natur des modernen Menschen mobilisiert wissen wollen. Bürgerliche Familien stehen einander dort nur liberalkapitalistisch als Marktkonkurrenten gegenüber, als Rechtssubjekte im Existenzkampf aller gegen alle. Das Familienleben ist nur dazu da, den Menschen als Bürger herzustellen, als Marktrivalen fit zu halten, seine Arbeits- oder Kapitalfähigkeit zu produzieren in Heimarbeit. Für Hegel ist die Familie die 'notwendige Mitte' zwischen Individuum und Gesellschaft wie das Werkzeug zwischen Mensch und Natur, das ganz Besondere zwischen Einzelnem und Allgemeinheit : als Individuum vor der Gesellschaft und zugleich als Gesellschaft vor dem Individuum. Den Schoß der Familie sieht er so weiblich wie das Gemeinwesen männlich, in das der Mann hinausmüsse.

Das Gesetz Gottes weiß er nur im Rechtsstaat gut aufgehoben, aber das sei nicht die 'Demokratie des Pöbels', sondern eine konstitutionelle Erbmonarchie. Um diesen Preis ist er bereit, ihn auch und vor allem zu verteidigen gegen alle populistischen „Bewegungen". Denen, die in Hegel einen preußischen Vorläufer des Totalitarismus verdammen, sei gesagt, dass er diesen Rechtsstaat auch mobilisiert hätte gegen ökopazifistische „Bewegungen".

Wenn dieser Staat der Staat der Bürger ist, dann ist die Familie die Gesellschaft des Proletariers, in dem Hegel nur verhinderten Bürger in spe erkennen konnte. Vom

Industrialismus verstand er immerhin so viel, dass er am Ende seines Lebens in einer Variante seiner Vorlesungen zur „Rechtsphilosophie" ein vernünftiges Ende der konstitutionellen Monarchie denken konnte als „Demokratie auf der Grundlage der Arbeit".

Gegen Kants Moralbegriff, der sittlichen Autonomie des hagestolzen Autisten, verteidigte ein Hegel zu Recht die Familiarität als sittliche Sinnlichkeit und sinnliche Sittlichkeit zugleich, als Synthesis von „bloßem Begehrungsvermögen" und der „Achtung fürs Sittengesetz".

Hegel wirft dem Gesetz Gottes zweierlei vor, das eng zusammenhängt : Es sei kein unmittelbar einsichtiges Vernunftgesetz, das die Menschen sich selbst gegeben, sondern nur als Ukas von oben empfangen hätten, und dieses Gesetz verlange von den ihnen, den Staat im Zweifelsfall dem Familienleben zu opfern statt umgekehrt die Bande des Blutes dem Vaterland. Hier beginnt bereits der Rassismus des Blutes zu rebellieren gegen familiäre Blutsverwandtschaft. Gleiches Blut haben hier nicht die Mitglieder einer Familie, sondern eines 'Volksgeistes', und die Inzucht der Blutsbrüderschaft ist geboten statt verboten, wo Hegel unter dem Einfluss der indogermanischen Romantik den biblischen Mythos von der adamitischen Gleichheit der Abstammung aller Menschen 'aufgehoben' glaubte. Die Philosophie fasste hier ihre Zeit in Gedanken, indem sie dem Zeitgeist die Rationalisierung nachschickte.

Hegel war außerstande, im Gottesgesetz die 'praktische Vernunft' anzuerkennen und zu erkennen : Hier sei nicht der *Knecht* sein eigener Gesetzgeber, sondern nur sein oberster Dienstherr. Aber der Sklave befreie sich nicht, indem er ein Gesetz erfülle, das er sich selbst nie hätte geben können, weil er darauf nie selbst gekommen wäre.

9

So sehr also Hegel bereit ist, gegen Kants bloßen Formalismus die materiale Sittlichkeit des Familienlebens philosophisch abzusegnen, so wenig kann er im biblischen Gesetz genau jene Synthese von Logik und Erfahrung, von Rationalität und Realismus vollbracht finden, die er wohl in Luthers Aufhebung von mönchischer Lasterkeuschheit, Bettelarmut und Kadavergehorsam verwirklicht weiß, aber in Luthers 'Rechtfertigung allein durch Glauben' an eine Erlösung durch „fremde Genugtuung Gottes" auch wieder nur so wenig verkörpert glaubt, dass erst die Philosophie an Autonomie herbeischaffe, was auch im protestantischen Christentum noch zu viel Gnade von außen sei, als dass es menschlich vernünftig und frei zugehe.

Hegel ist zu stark fixiert auf den paulinisch augustinischen Luther, wenn er glaubt oder denkt, dass es zwischen Moses und Jesus gegangen wäre um den Streit zwischen Gesetz und Gewissen, zwischen Zeremonialität und Spiritualität, wo es doch in Wirklichkeit eher ging um den Streit zwischen der Rechtfertigung des Menschen durch Werk oder Gnade, also zwischen einer Erlösung durch Gesetzerfüllung oder durch Glaube an die göttliche Impotenz des Menschen. Vielleicht hat die deutsche Reformation das Gesetz Gottes zu einem menschlichen Vernunftgesetz gemacht, aber dann gleichzeitig dafür gesorgt, dass es nach menschlichem Ermessen nicht zu erfüllen ist, während die Katholiken ihr Sittengesetz zwar von Gott haben und 'nicht von selbst', aber es selbst erfüllen können, statt es von einem Messias erfüllt zu bekommen und nur zu glauben, dass es von anderen bereits an ihrer Stelle erfüllt sei. Diesen Widerspruch hat Hegel nicht bemerkt oder unaufgelöst gelassen. Genauer : Es war der Grund, aus dem er philosophisch über den Protestantismus hinausgehen zu müssen glaubte, ohne den Gang der Weltgeschichte bis Preußen als Gang der Freiheit und Vernunft aufgeben zu müssen. Wollte er die Vernunft der Geschichte retten, durfte er nicht zugeben, dass schon zu Beginn der Geschichte jenes Maß an vernünftiger Freiheit realisiert war, das Hegel erst an ihrem preußischen Ausgang sehen zu dürfen glaubte.

Eine Philosophie des deutschen Protestantismus muss diesen 'aufheben' und Gottvater im jeweiligen Landesvater inkarniert fühlen. Der Protestant hat ja das Vernunftgesetz nur sich selbst gegeben (will man Hegel glauben), aber nie selbst erfüllen können und müssen. Der Christ glaubt, dass ein anderer es für ihn erfüllt hat. Der Lutheraner kann gute Werke erst tun, wenn er glaubt, dass der Messias für ihn das Gesetz erfüllt hat, das er sich nur selbst gibt, wenn er es von Gott empfängt.

Der Lutheraner vermag nicht das Gesetz Gottes zu erfüllen, das er sich nach Hegel als Vernunftgesetz selbst gegeben hat, und das Volk des Buches erfüllt selbst das Gesetz, das es sich selbst nicht gegeben hat? Welche Autonomie ist vernünftiger, welche Heteronomie freier? Oder kann und muss jeder Mensch des Alten Bundes das Gesetz Gottes selbst erfüllen mit Gottes Hilfe, weil es ein Gesetz von Vernunft und Natur ist, und ist das Gesetz für den Christen ganz unerfüllbar, weil es eben nicht sein eigenes Vernunftgesetz ist, sondern der blinde Wille eines launischen Dämons? Die vom Christen erflehte Hilfe von außen, macht sie nicht unfreier als die vom Vorgänger benötigte? Wenn Gott der einzige ist, der das Gesetz erfüllen kann, das er den Menschen gab, wenn er es also in Jesu Gestalt stellvertretend für alle impotenten Menschen erfüllen musste, um sie nicht mit dem verdienten ewigen Tod bestrafen zu müssen, dann kann auch der philosophische Begriff nicht retten, was dort an Autonomie ganz verloren gegangen ist. Gesetzestreue ist Werkfrömmigkeit, die im Katholizismus noch ihren Platz hatte, bei Luther aber nicht mehr.

(Vorlesungen zur Philosophie der Geschichte, Stuttgart 1961, S. 443): „Das Erkennen als Aufhebung der natürlichen Einheit ist der Sündenfall, der keine zufällige, sondern die ewige Geschichte des Geistes ist. Denn der Zustand der Unschuld, dieser paradiesische Zustand, ist der tierische. Das Paradies ist ein Park, wo nur die Tiere und nicht die Menschen bleiben können. Der Sündenfall ist der ewige Mythus des Menschen, wodurch er eben Mensch wird."

Der dialektische Dreischritt ist der Fortschritt von der Mutter-Kind-Symbiose über die Vertreibung aus dem uterinen Paradies zur Vereinigung des Erwachsenen mit einem Weibe, einer Vereinigung, die keine Wiedervereinigung mit der Mama ist, sondern Vermählung mit dem ganz anderen Geschlecht, sofern es ganz anders ist als Mama. So führt die Kategorie 'Synthesis' den Mann, und das ist bei Hegel der Mensch wie bei fast allen Philosophen, zwar zurück zum Weibe, aber nicht zur eigenen Mutter. Mutterleib, Geburt und Vereinigung mit dem anderen Geschlecht, sofern es anders ist als der gegengeschlechtliche Elternteil, sind die drei Phasen jeder Entwicklung auf jeder neuen Spiralebene: Inzest, Verdrängung dieses Triebwunsches und Rückkehr des Verdrängten ins Bewusstsein, um die eigene Mutter als Triebobjekt eintauschen zu können gegen eine fremde Schöne. Die Synthesis ist Rückkehr zum ewig Weiblichen, aber nicht zur Mama, sondern zu einer ganz anderen Vertreterin des ganz anderen Geschlechtes. Und der Vater steht als Erzengel mit dem Flammenschwert vor dem Eingangsportal des Paradieses, um dem Menschenkind jede Rückkehr in den Kindergarten Eden zu verwehren, also den Tod an der Mutter Natur und in der Mater-ie. Fortan wird nur der 'kleine Tod' erlaubt sein, den Mann und Weib aneinander sterben.

Mann und Weib ein Leib, und dieser Leib ist der des neuen Erdenbürgers (ein Menschenkind, das nicht Kindeskind sein darf). Aber Hegel ist nicht bei Marx 'gut aufgehoben'. Der Denkfehler passiert beim Übergang von der Familiarität zur 'bürgerlichen Gesellschaft' : Diese falsche Triade [Familie - Bürgertum - Landesvater] spiegelt sich in der ebenso falschen Trias von [AT - Papismus - Reformation]. Ernst Bloch wird später diesen Irrweg vervollständigen durch den Dreischritt [AT - NT - Marxismus] oder [Gottvater - Menschensohn - Stalin]. Im Falle der Religion versteht Hegel die dialektische Synthesis nicht primär als Liebesvereinigung von Gottvater und Mutter Natur, um Menschenkinder zu erschaffen, sondern in einer „Versöhnung" von Gottvater und seinen Erdensöhnen, exemplarisch von Jehova und Jesus. Nach dem Talionsprinzip, erinnerte Freud, muss es eine Blutschuld gegen Gottvater gewesen sein, die sein Sohn mit dem Tode zu büßen hatte. Jesus stirbt für die Vatermordversuche aller Menschenkinder und für ihre frevelhaften Versuche, in den Mutterleib der Natur zurückzukehren, der dem Vater vorbehalten ist.

Das Gesetz Gottes ist das Gesetz der Väter, und der Unwille, es zu erfüllen, ist als Anschlag auf den Vater und seine Prinzipien gewertet. Wenn Freud Recht hat, muss sich im Gottesgesetz das Inzesttabu verbergen und werden in den Satzungen des Alten Bundes 613 Formen zurückgewiesen, sich am eigenen Vater zu vergreifen, um in den Schoß der eigenen Mutter zurückkehren zu können, also 613 Möglichkeiten angeboten, sein eigener Vater zu werden, um von Mutter Natur freizukommen und der Abhängigkeit von ihr.

Nicht erst im Christentum wird dieses Gesetz, sofern der Einzelne es sich wirklich zu eigen macht, eben zu seinem Gewissen, statt ein sinnloser und demütigender Befehl

von oben zu bleiben. In diesem Gewissen die 'Selbstgewissheit des Ich' zu erkennen und anzuerkennen, kann
die philosophische Interpretation der religiösen Wahr-
heiten helfen. Die Weisheit in diesen Weisungen zu erkennen heißt, das wahre Ich und seine wohlverstandenen
Eigeninteressen in diesem 'Über-Ich' nicht zu verkennen
und das eigene Ich im eigenen Über-Ich gut 'aufgehoben' zu wissen, besser als in einem Es, das sein Wohin in
seinem Woher sieht.

Das biblische Gesetz verliert viel von seinem vielgerüg-
ten Zeremonialformalismus, wenn darin die Formen des
Inzesttabus erkannt werden können. Was ist der Alte
Bund mit dem himmlischen Vater anderes als ein Bei-
standspakt gegen die Versuchungen des Menschenkindes, in den Mutterleib der Natur zurückzudrängen und
auf dem Weg dorthin zurück über die Leiche des Vaters
zu gehen, statt selbst einer zu werden im Bunde mit
einem anderen Weibe als der eigenen Mutter? Hegel
konnte den Unterschied zwischen Jehova und Jesus nur
sehen als Unterschied zwischen Gehorsam und Gewissen,
zwischen Gesetzeserfüllung und Selbstgewissheit.

Heute wird nicht nur unterschieden zwischen Vernunft
und Unvernunft, sondern auch zwischen verschiedenen
Rationalitätstypen. Analytische wie dialektische Vernunft
können getrennt werden, instrumentelle und kommunikative Vernunft lassen sich voneinander abheben, auch
werthierarchisch einander zuordnen schon in den Sozial-
wissenschaften. In der biblischen „Theo-rie" nicht nur
blanke Unvernunft, Widervernunft und Widernatur ver-
herrlicht zu finden, sondern einen ganz anderen Rationa-
litätstyp wiederentdecken zu dürfen, bleibt nun offenbar
weiter einer ungewissen Zukunft vorbehalten.

Die beste Einheit von Natur und Vernunft zu finden, ist vielleicht weniger eine Sache von Erfindungsgabe als von Wiederentdeckungslust. Die Geschichte als Geschichte des Fortschritts in den Mitteln und Wegen zu sehen wie als Verfallsgeschichte der Zwecke und Ziele, ist vielleicht vernünftiger als das Umgekehrte. − Es ist, als hätte die Kindheit der Geistesgeschichte eine klarere Vorstellung gehabt von dem, was es heißt, erwachsen zu werden, während unser geschichtliches Greisenalter eher infantile Wunschvorstellungen kultiviert, die Lebensmittel zu Lebenszielen erhebt und die Endzwecke zu Produktionsmitteln erniedrigt. Ist die 'patriarchalische' Unterdrückung der Frauen biblisch gerechtfertigt? Die Gebote vom Sinai beziehen sich darauf, mit Hilfe des Vaters erwachsen zu werden, die Verbote darauf, zurück zu den Müttern zu steigen. Das Gesetz ist rational als Gesetz der Überwindung des menschlichen Ödipuskomplexes, und da diese Überwindung eben für Männer schwieriger scheint als für Frauen, ist es ein patriarchalisches Gesetz. Der Frau ist geholfen, wenn ihrem Mann geholfen ist, diesen Komplex aufzulassen. Das Gesetz weist den Weg, wie der Jüngling sein Vater werden kann, ohne ihn zu töten, und sich mit dem anderen Geschlecht vereinigt, ohne in den Schoß der eigenen Mutter zurückzukehren als ein Säugling oder Embryo.

Beschneidung : Der Mensch soll nicht in den Samen zurück, aus dem er kommt; die Zeit ist unumkehrbar und der Lebenslauf nie ein Kreislauf. Die Brüderlichkeitsgebote, Blutschandeverbote, Reinheitsvorschriften und Speiseordnungen zielen auf den verschiedensten Ebenen des Lebens darauf ab, die Vermischungen mit tierischen oder gar toten Stufen der Mutter Natur zu untersagen und zu verhüten. Das göttliche Gesetz des Vaters ist Geburtshilfe und kein Empfängnisverhütungswissen. Von der Vertreibung aus dem Mutterleibparadies der Natur, vom Sündenfall also bis 'dass ihr werdet wie euer Vater im Himmel', gereinigt von aller Kontamination mit den astralsiderischen, mineralischen, vegetativen und animalischen Ebenen der Mutter Erde und den in ihrem Bauche beerdigten Toten, besteht das ewige Leben in der Zeugung mit der schönen Fremden jenseits der eigenen Mama, in der und an der wir alle so gern „zum Grunde" gehen wollen. Die Bibel erkennt die Todeswünsche in dem, was wir als unseren Lebenshunger erleben, und die Lebenskraft in dem, was wir als unsere Beerdigung erleben. Sie lehrt, uns als Kinder desselben Vaters und derselben Mutter Erde zu empfinden, um eine Brüderlichkeit jenseits von Kain und Abel erstrebenswert zu machen, eine Brüderlichkeit, die auf dem gemeinsamen Verzicht aller Geschwister beruht, einander zu beseitigen, um wieder mit der eigenen Mama allein und all-eins zu sein wie vor der Geburt. Der biblische Mythos vom Sündenfall ist ein schönes Sinnbild für die Waffen der Frau, den Mann aus dem Mutterleib der Natur herauszulocken und ihn zu verführen, mit ihr zusammen den Paradiesgarten der Kindheit zu verlassen. Sobald Mann und Weib einander erkennen, dürfen sie nicht mehr in den Leib ihrer Mütter zurück.

Mann und Weib ein Leib, und dieser Leib ist nicht die Leibeshöhle der eigenen Mutter. Dieser Deutung scheint zu widersprechen, dass Gottvater ja selbst verboten hat, vom *Baum der Erkenntnis* des Guten und des Bösen zu essen. Aber diese Stelle verrät keine Ungereimtheit, sondern bezeugt die weise Vernunft des Autors dieser Passage. – Wissen wir nicht spätestens seit Sigmund Freud, dass der ursprüngliche und mächtigste Wunsch der Geschlechter nacheinander ein Inzestwunsch ist, der ja gerade von seiner Richtung abzulenken ist? Wer innerhalb des Mutterleibes nach der verbotenen Frucht greift, wird aus dem Mutterleib verbannt; das ist das Gesetz

des Vaters, und niemand kann in den Mutterleib zurück-
wollen, ohne dort als Kind sterben oder den Inzest begehen zu wollen. Die 'Erbsünde' besteht ganz einfach
darin, dass niemand im Mutterleib bleiben kann, ohne
inzüchtig der Mutter verbunden bleiben zu wollen, und
vor diesem Schicksal, in und an der eigenen Mutter
„zum Grunde" zu gehen, will die biblische Wahrheit
das Menschenkind gerade gütig bewahren in seinem urei-
genen wohlverstandenen Interesse. Vor der Kastrations-
angst bewahrt nur die Exogamie. War die 'maieutische'
Hebammenkunst Gottes nicht größer als die des Sokra-
tes, der engelmachenden Hexe oder 'Magna Mater'?

„Mit dem Glück ist es nicht anders als mit der Wahrheit.
Man hat es nicht, sondern ist darin. Ja, Glück ist nichts
anderes als das Umfangensein, Nachbild der Geborgenheit
in der Mutter. Dann aber kann kein Glücklicher wissen, dass
er es ist. Um das Glück zu sehen, müsste er aus ihm her-
austreten: er wäre wie ein Geborener."
(*Th. Adorno*, „Minima moralia", Nr .72)

So wird der philosophische Gedanke zum Dank an Mutter Natur für die schönen Stunden der Kindheit. Von
daher wird verständlich, dass Adorno Hegel kritisieren
muss, wenn dieser schreibt:

„Das Erkennen als Aufhebung der natürlichen Einheit ist der
Sündenfall, der keine zufällige, sondern die ewige Geschichte des Geistes ist ... Das Paradies ist ein Park, wo nur die
Tiere und nicht die Menschen bleiben können." („Vorlesungen zur Philosophie der Geschichte", Stuttgart 1961, Seite
443) Adornos Ethik aber kulminiert in der Maxime „zu
versuchen, so zu leben, dass man glauben darf, ein gutes
Tier gewesen zu sein." („Negative Dialektik", Frankfurt
1973, S. 294). Adorno weiß, dass diese Ethik nicht nur
„die Kantische Moraltheorie, welche den Tieren Neigung, keine Achtung konzediert", sondern auch das Gesetz Gottes verachtet.

Auch Wiesengrund-Adorno will den Mutterleib der Natur verlassen, aber nur, um aus der Gesellschaft einen Sozialuterus nach dem Bilde des mütterlichen Schoßes zu machen. Er sieht in den modernen Kollektiven zu wenig von dem, was ich in ihnen zu viel sehe : einen Sozialuterus. Das Gottesgesetz empfiehlt, den Schoß der Gesellschaft zu verlassen, die uns zur zweiten (Mutter) Natur geworden ist. Adorno empfiehlt umgekehrt, aus der Gesellschaft politisch jenen Sozialuterus erst zu machen, den er darin nicht findet.

Einerseits nun sieht Hegel die „schöne Sittlichkeit" eher in der Familie realisiert als im *Tugendterror* der *schönen Seelen*, aber andererseits eher bei altgriechischen Homoeroten als bei biblischen Patriarchen; das erstere zerfiel im heidnischen Rom, das zweite im christlichen Rom. Hegel genügt es nicht, dass der menschliche mit dem göttlichen Willen eins wird; er will, dass der Mensch selbst Gott wird, indem Gott selbst Mensch wird. Er erkennt nicht die menschliche Vernunft im göttlichen Willen und nicht den menschlichen Willen im göttlichen Wissen. Eher komme der Mensch auf den Hund des Diogenes als von selbst auf das Gesetz Gottes.

Der Mensch kann sich allerdings dieses Gesetz nicht selbst geben, solange seine Vernunft theoretisch bleibt. Aber 'praktische Vernunft' ist Synthesis von Theorie und Erfahrung; Hegel selbst hatte ja den bloßen Formalismus von Kants praktischer Vernunft kritisiert im Namen familiärer Sittlichkeit statt im Namen mönchischer Heiligkeit. Die wahre Vernunft ist für Hegel Synthesis : Der neue Erdenbürger aus einer Verbindung des Ewigweiblichen und Ewigmännlichen. Dieser neue Erdenbürger ist für Hegel nicht der Messias, sondern der Menschensohn Jesus aus der Ehe von Gottvater und Mutter Erde, obwohl diese christliche Synthese von biblischem Vatergott

18

und heidnischen Muttergottheiten nicht selbst wieder die neue These für eine neue Antithese wird, obwohl also dieser Gottessohn nicht selbst wieder Vater neuer Geschlechter, sondern nur Meister neuer Jünger wird (die Eltern, Gatten und Kinder verlassen, um ihm zu folgen um des Himmelreiches willen) und der Sohnesgatte und mystische Leib einer Mutter Kirche von vielen geistlichen Brüdern.

Hegels dialektische Triade endet in christlicher Trinität; nach dem Reich des Vaters und dem Reich des Sohnes kommt das Dritte Reich der Mutter Natur (die mit Mutter Kirche zusammenfällt), für die alle kämpfen, um armselig in ihr „zum Grunde" zu gehen. Wäre Hegels philosophische 'Aufhebung' des Christentums aus dem Geiste Gottes erfolgt, hätte Marx diesen Heiligen Geist kaum je *mater*-ialistisch aufheben können. – Hegel musste den Geist der Zeugung des Lebens schon nur zur Hälfte begriffen haben, damit der assimilierte Karl Marx ihn durch den Geist der Erzeugung von Lebensmitteln aufheben konnte, ohne dass aus diesen Hälften je das wahre Ganze zusammenzustückeln war.

„Atheismus im Christentum"? Pünktlich zur deutschen Studentenrevolte Ende der Sechzigerjahre lieferte *Ernst Bloch* dann etwas ab, was als materialistische Ehrenrettung der Heiligen Schrift gedacht war und auf ihre sozialistische 'Aufhebung' hinauslief. Bloch verteidigte „Jesus Menschensohn" *(Rudolf Augstein)* gegen den „Kyrios Christus" und Vatergott zugleich, indem er im Herrgott den Vatergott und in Gottvater den bloßen Herren-Gott angriff. Wer als „Vater" des Menschengeschlechts auftrete, mache sich zum Tyrannen, der zu stürzen sei. Dieser Herrgott ist für Bloch kein Gott über den Herren, sondern nur ein Gott der Herren und ein Dienstherr aller übrigen Götter. Die landesherrlichen

Protestanten konnten nahtlos daran anschließen mit einer „Theologie der Hoffnung." Natürlich liegt das messianische Endziel in der Einheit und Versöhnung von angestrengtem Begriff und 'fauler Existenz', wie Hegel das nannte, aber diese Einheit ist eine andere als die der Christen und nicht als immer schon realisiert in der Geschichte.

Die Einheit von Theorie und Praxis ist ihnen nur eine wunderschöne Theologie; die Einheit von Allgemeinbegriff und Individuen ist im Alten Bund ein eschatologischer Vorgriff auf die Zukunft und ein ebenso apokalyptischer Angriff auf Gegenwart und Vergangenheit und auf jene Theorien, welche diese Einheit von Theorie und Praxis als schon real praktiziert ausgeben, ob nun christlich oder antichristlich. Noch immer dem Sein und Bewusstsein ihren Nichtidentitätsnachweis auszustellen, statt im Herzen dieser typisch biblischen Differenz die protestantische Einheit zu finden, ist linksbiblischer Rationalismus. Dem geht es im Sündenfall-Theorem, das entgegen Hegels Theorie im Zentrum des Gottesgesetzes steht, um Identität mit dem Vater als Nichtidentität mit der Mutter, also um Vereinigung mit dem Weibe, das nicht identisch ist mit der eigenen Mutter. (Das 'cartesianische Paradigma' ist ja besser als seine 'holistischen' Überwinder, die in jedem Sein ein implizites Selbstbejahungsurteil versteckt sehen.)

Hegel begrüßt mit allen Christen in Jeshua ben Joseph den menschgewordenen Gott und vergötterten Übermenschen. In Wahrheit ist Gottvater natürlich bereits selbst jene 'Persönlichkeit', die Hegel erst in Christus erkennen kann, und natürlich sind alle Menschen schon jene Kinder Gottes, die Hegel erst in Gottes Erstgeborenem Sohn anerkennen will. Beim Versuch, Gottvater zu humanisieren, wird meist nur ein Mensch vergötzt.

Großartig und gegen all seine Gegner festzuhalten ist allerdings Hegels unsterblicher Gedanke, dass nicht die Individuen abhängig sind von ihrem göttlichen Oberbegriff und sittlichen Allgemeinbegriff, sondern nur ihre Unabhängigkeit von ihm selbst. Wir sind zufällige und nicht notwendige Wesen, aber notwendig zufällig und ebenso zufällig notwendig. Hegel rechnete den Altbundesgenossen aber nicht vor, sie hätten die Liebe zwischen Subjekten zu einem bloßen Begriff von Objekten gemacht, sondern sie würden die lebendige Liebesvereinigung von Subjekt und Objekt selbst zu einem Super-Objekt unter anderen (oder über anderen) machen, um sich ihm zu unterwerfen, statt ganz mit ihm eins zu werden. Das 'Subjekt-Objekt' hätten sie zu einem Glaubensobjekt gemacht, also sich selbst zu Objekten dieses absoluten Super-Subjekts.

Die 'lebendige Totalität dieses Prozesses', in dem der abstrakte Begriff sich konkret realisiert und aus dieser Materialisation geschichtlich versöhnt zu sich selbst zurückkehrt, würde im AT zur totemistischen Fetisch-Substanz hypostasiert, welche das andächtige Subjekt erdrücke. Der ganze Entwicklungsprozess des Menschen in seiner Auseinandersetzung mit der Welt sei bloß angeschaut wie ein Gegenstand über den anderen Gegenständen oder eine Art Übermensch. Das Subjekt- Objekt sei verkürzt vorgestellt als Objekt oder als Subjekt unter anderen. Nie werde im AT die Substanz selbst subjektiv, sondern bleibe Abgott, Vater, Götze, und nie werde das Subjekt substantiell, sondern bleibe borniert in seiner nichtigen Naturausstattung.

Für Hegel beten Erzväter in Gott nicht den realisierten Geist an und nicht die vernünftige Wirklichkeit, sondern nur die abstrakte Idee im Unterschied zu ihrer konkreten Realität. Der Alte Bund sei und bleibe ein sinnloses Sein vor dem seinslosen Sinn seines Gottes; die unvernünftige Wirklichkeit sei auf ewig getrennt von der ewig unwirklichen Vernunft im Himmel, während bei den Christen immerhin nur noch eine 'faule Existenz der Tatsachen' hinter der an sich schon vernünftigen Wirklichkeit und an sich verwirklichten Vernunft zurückgeblieben sei.

Im AT fällt laut Hegel die 'faule Existenz' und die vernunftlose Realität und Nichtigkeit zusammen, um nie Vernunft anzunehmen, sondern nur zu Verstand zu kommen. Die Bewegung und Entwicklung müsse vom *Einen* Begriff ausgehen, der in vielen Existenzen sich verwirkliche; die nackten Existenzen können nach Hegel sich nie ohne begriffliche Initiative in Liebe vereinigen. Die Triade gehe vom AT über das NT zur Philosophie, vom Vater über den Sohn zu ihrer Versöhnung im Heiligen Geist gemeinsamer Nichtidentität mit Mutter Natur. Philosophisches Denken an Gott hebe fromme Andacht vor Gott auf. Der Gläubige stelle sich die Versöhnung aller Subjekte wie ein einziges Super-Subjekt vor, die Einheit aller Objekt als ein Super-Objekt, die ganze Geschichte nur wie ein ewig Bestehendes.

In Wirklichkeit tut Hegel selbst und nur Hegel genau das, was er permanent dem AT vorwirft. Er selbst ist es, der im Substantiellen des Gottesgesetzes nicht die Selbstgesetzgebung des menschlichen Ich wiedererkennt, das Mensch wird; er erkennt in Gott nicht mehr die Totalität der menschlichen Geschichte wieder, das Prinzip der Menschwerdung. Er selbst macht das im Gottesgesetz niedergelegte Gesetz mensch- licher Entwicklung nur zu einem Superpopanz. Der Christ glaube, wenn er an Christus glaube, dass ihm vergeben sei, wenn er das menschliche Gesetz nicht erfüllen könne. Für Katholiken aber ist das Gesetz nicht das unerreichbare Ideal, Gott zu werden, wie Hegel fälschlich zu unterstellen scheint, sondern die (mit Gottes Hilfe) erreichbare Idee, ein Mensch zu werden. Sie 'denken' im Gesetz genau das, was Hegel sich vorstellt unter dem sich geschichtlich entwickelnden Begriff der Vernunft, und was Hegel sich vorstellt unter dem, was Katholiken sich 'denken', ist ziemlich genau das, was sie sich vorstellen, das Hegel 'denkt'.

Nach Hegel muss die Substanz ebenso Subjekt werden, wie umgekehrt das Subjekt Substanz zu werden hat. Wenn das Substantielle nicht subjektiv wird, ist das Subjektive nicht substantiell und umgekehrt. Was an sich gilt, muss auch für mich gelten, um an und für sich wahr zu sein. Der Begriff ist gleichsam die subjektive Seite des Wesens und das Wesen die objektive Seite des Begriffs. Das Subjekt ist nur verständige Eitelkeit, wenn es nicht wenigstens die antizipierte Allgemeingültigkeit von morgen ist, und das einzig Wahre muss menschliches Selbstbewusstsein werden.

In der Reformation sieht Hegel die Demokratie des freien Selbstbewusstseins bereits geistig vorweggenommen. Seit Christus die Form ist, in der Gott auf die Erde niedersteigt, ist der letzte Scheißer zu Gott unmittelbar, ohne priesterlich mythische, klerikal institutionelle und bürokratisch administrative Vermittlung, ohne Mittelsmänner und geistige Zwischenhändler. Volksherrschaft sieht Hegel allerdings nur pejorativ als Anarchie von Aristokraten, später als Aufstand des Pöbels, erst am Lebensende als mögliche „Demokratie durch Arbeit". Gegen Kant und gegen Hegel wäre zu zeigen, dass jeder, der gegen das göttliche Gesetz verstößt, nicht gegen einen Tyrannen verstößt, sondern gegen nichts als sich selbst, also nur gegen ein Naturgesetz der Schöpfung.

Von daher wäre eine philosophische Aufhebung der 'Göttlichkeit' des preußischen Staates aus dem Geiste patriarchalischer Familiarität möglich und notwendig, nicht mit Adorno aber hinter diese Familiarität zurückzufallen in die 'polymorphe Perversität' des verwöhnten Einzelkindes. Das Verständnis, das Hegel für die Vernunft des Erbsündenfalls und des biblischen Paradiesvertreibungsmythos aufbringt, lässt er beim Gesetz Gottes vermissen, obwohl dieses Gesetz doch nur den *Sündenfall* auslegt. Im Grundgesetz Gottes sieht Hegel die Substanz das Subjekt erdrücken, im heidnischen Rom später das (Rechts)subjekt über die Substanz siegen, und nur im perikleischen Athen das Subjekt und die Substanz für eine kurze geschichtliche Epoche in 'schöner Sittlichkeit' vereint.

(Nicht nur) Hegel warf dem AT vor, Befehl eines Despoten zu sein statt eine Stimme der Vernunft und der Natur. Dass der Sündenfallmythos eine ganze Anthropologie und Theorie der Menschwerdung enthält, kann er nur zugeben, indem er unterstellt, die Patriarchen hätten gerade mit diesem vernünftigen Teil ihrer biblischen Theorie nie etwas anfangen können. Hegels Protestantismus will nicht wahrhaben, dass das Gesetz nichts anderes sein will, als das Vernunftprogramm der Sündenfalltheorie auf alle Fälle des Alltags und der Natur kasuistisch anzuwenden, also wohl weniger ein autoritäres Kommando als eine Selbstgesetzgebung ewiger Arbeitssklaven.

Die einzige gute Einheit zwischen Individuen soll nach Hegel Liebe sein, aber er nennt jede noch so wenig ungezwungene Vereinigung von nackten Existenzen einfach freie Liebe.

24

Die Liebe wird an der Integration gemessen, nicht die Einheit am Eros. Die vom ihm postulierte Einheit von begrifflicher Einheit und erotischer Vereinigung im 'Gattungsbegriff nannte Adorno zurecht nur 'erpreßte Versöhnung' wie bei Lukacs. Der junge Hegel nannte die begriffliche Einheit noch kalt und unpersönlich gegenüber der lebendigen Einheit von Liebenden; der späte nennt staatliche Einheit Preußens frostig ein Werk göttlicher Liebe zwischen den Bürgern. Hegel begreift die Liebe kühl als realen Gattungsbegriff und den Allgemeinbegriff kühn als freie Liebe. Natürlich weiß er, dass sein Begriff von Liebe nicht selbst Liebe ist, sondern eher seine Liebe zum Begriff spiegelt.

Der Monotheismus ist patriarchalisch, nicht weil er die Frauen unterdrückt, sondern weil die 'matriarchalischen' Kulturen es zu Männern gar nicht erst kommen lassen. Die biblische Theorie beschäftigt sich mehr mit Männern als mit Frauen, weil Männer es viel mehr nötig haben. Sie arbeitet unentwegt an Männern, die ihrer Frauen würdig wären, und ruht nicht, bis sie erwachsen genug sind, Männer ihrer Frauen zu sein statt nur Söhne ihrer Mütter und Gatten ihrer Mütter.

Aber was könnte der beste Feminismus (wenn er mehr wäre als die Abschaffung der Männer) den Frauen Besseres bescheren als erwachsene Männer, und nichts anderes beschert ihnen ein Patriarchat. Das monotheistische Urpatriarchat will die Frauen nicht unterdrückt sehen durch dumme Jungen; es macht diese dummen Jungen zu ganzen Männern, damit sie in ihren Frauen nicht ihre Mütter quälen und anbeten. *Das Patriarchat ist der wahre Feminismus,* und der Feminismus, der es bekämpft, verhindert die weibliche Emanzipation, weil er die Söhne hindert, an den Frauen Männer zu werden.

Schon bei Hegel ist einiges zweideutig verschmiert: Die Einheit des Menschenkindes mit dem Vater im Himmel ist so gut wie eins mit der Einheit mit Mutter Natur. („Das geht aber nicht", schrieb Stiftsbruder *Hölderlin* später.) Getreu dem Sündenfallmythos und seiner guten philosophischen Rechtfertigung bei Hegel hätte er den Heiligen Geist der Identität von Gottvater und Sohn deutlicher fassen müssen als gemeinsame Nichtidentität mit Mutter Natur. So verkauft er das Gesetzlose als das Liebevolle und das bloß Unverständliche als das Vernünftige, Geistvolle und Selbstverständ- liche. Gegen Hegel und die Christen halten wahre Monotheisten fest : Es ist *nicht* vollbracht!

Adorno hat das zurecht betont, aber das Kind mit dem Bad ausgeschüttet, als er auch die Notwendigkeit ewiger Nichtidentität mit dem Vater und seinem 'Realitätsprinzip' lehrte.

Gegen Adorno und Hegel ist gut biblisch festzuhalten : Es geht um Einheit, aber progressiv mit dem Vater, nicht regressiv mit der Mutter. Anders gesagt: Es geht allerdings um (männliche) Identität, aber um Vereinigung erotisch nicht mit dem Vater, sondern mit dem eigenen Weibe, also um Nichtidentität mit Mama und ihren vielen Big Brothers.

Adorno sah nicht die 'Nichtidentität' von Vater und *Big Brother* und wollte die kleine Differenz nicht sehen.

Nicht die 'Einheit' ist biblisch tabu, sondern ihre Verwechslung mit der Wirklichkeit. Der Alte Bund mit dem Vater *ist* der Neue Bund gegen den ewig gestrigen und veralteten Bund mit den Müttern und ihren esoterischen Baalspriestern. Die menschliche Existenz ist ja wesentlich Exogamie, nur Esoteriker lehren endogene Inzucht.

Der homophil(osophisch)e Bund von Gottvater und Sohn ist ein erster ebenso notwendiger wie unzureichender Schritt von der Mutter weg und hin zur Gattin, also von der Mutter über den Vater zum exotisch 'ganz anderen' Weibe als Mama. Der Heilige Geist ist der Geist der Einheit von Vater und Sohn (auch bei Hegel) auf dem Wege zur Einheit von Mann und Weib, weg von der philosophisch sanktionierten Verewigung der Einheit zwischen Mutter und Kind. Der Sohn nimmt eine ganz andere als seine Mutter, aber jede andere als diese andere führt im ewigen Ehebruch nur wieder zurück zur verbotenen Mama. Der 'Feminismus' der Bibel liegt auch darin, dass das niedere Volk und Jesus als Jungfrau vor Gottvater erscheint und als Braut.

Was Hegel am strikten Monotheismus gar nicht mochte, kehrte Adorno gegen den deutschen Idealismus, wenn er die Trennungsarbeiten der Ratio verteidigte gegen die Zwangsintegrationskonflikte der sozialen Vernunft. Aber Adorno sah in Kants und Hegels 'sittlicher Autonomie' und 'Selbstgesetzgebung der Ratio' letztlich genau jenen autoritären Positivismus, den Hegel in der alttestamentarischen Gesetzestreue angriff. Wenn Fichtes 'absolutes Ich' wirklich als Ebenbild des Schöpfers sich selbst (und die Welt in die Welt) 'setzt', wie Hegel kritisierte, hätte

Fichte im AT die menschliche Selbstgesetzgebung wiedererkennen müssen, auf die er so großen Wert legte.

Das Subjekt ist für Hegel ebenso die begriffene Natur wie der real existierende Begriff. Kehren bei ihm die Existenzen über ihren selbstgeschaffenen Begriff und dessen Realisierung zu sich selbst zurück oder kehrt umgekehrt der eine Allgemeinbegriff über seine vielfältigen Realisierungsarten zu sich selbst zurück, also über die Anpassung ans Bestehende oder dessen Aufhebung ins Wesentliche?

Nach Hegel ist der Alte Bund bloße Verstandeskultur, gegen die er nicht Irrationalismus setzt, sondern die Einheit von Vernunft, Leben, Liebe und Ganzheit. Die tödliche Trennung von Leib und Seele, Ich und Nicht-Ich, Natur und Geist, Sein und Bewusstsein, Subjekt und Objekt, Begriff und Individuum sei eben typisch alttestamentarisch, und wenn Hegel dem AT vorwirft, das Vernünftige mit dem Verstand zu töten, kann der Alte Bund seinerseits Hegel vorwerfen, er verkaufe den Tod als Leben. Nicht die Einheit und Ganzheit zu wünschen, ist reaktionär, sondern sie hier und jetzt realisiert zu sehen.

Hegels „Negation der Negation" wird hierzuvaterlande immer wieder ein Zurück zur Natur, das zugleich ein Heim ins Gottesreich und Hinab zu den Müttern ist, eine höchst synthetische Naturproduktion. Der schwäbische Protestant Hegel und der protestantisch getaufte Marx mögen zueinander stehen wie Hund und Katze, wie Feuer und Wasser, wie Licht und Finsternis, Antimonotheisten sind sie beide, der eine von den Denkweisen, der andere von den Produktionsweisen her. Sind dialektischer Materialismus und dialektischer Idealismus nur wie Kehrseiten derselben Medaille, nur Kopf und Adler derselben Silbermünze, für die der eine Ewige verraten wurde? Als der Trierer vom Stuttgarter die Dialektik übernahm, als er das Prinzip der 'Aufhebung' noch einmal 'aufhob', vom Kopf auf die Schweißfüße zu stellen versprach und den 'rationellen Kern aus der mystischen Hülle' befreite, rettete er weniger den Kern der Sache vorm deutschen Protestantismus als vielmehr umgekehrt Hegels Protestantismus aus der idealistischen Hülle, um der nackten Wahrheit eine Stoffhülle zu geben oder sie mal hüllenlos darzustellen.

Marx versprach, sich für den 'Unterbau' dessen zu interessieren, was er bei Hegel als bloßen 'Überbau' und 'notwendigen Schein' empfand, und dieser Unterbau der Hegelschen Geistesphilosophie ist sowohl die Natur als auch 'der beschränkte Verstand' mit seinen bloßen Reflexionsbestimmungen. − Für Hegel war der Verstand ebenso typisch alttestamentarisch wie das AT ein bloßer Intellektualismus ohne Fleisch und Blut und Geist zugleich. Das AT denke ans Absolute nur, indem es seinen Abstand zu ihm einfach verabsolutiere, und dieser Abstand zwischen absoluter Idee und endlicher Existenz, zwischen Verstand und Gegenstand, werde vom alttestamentarischen Verstand eben verewigt und heiliggesprochen und nicht 'aufgehoben'.

Bei Marx ist der Gattungsbegriff zum gesellschaftlichen Tauschwert geworden und das sinnlich Konkrete zum besonderen Gebrauchswert auch der Ware Arbeitskraft. Hegels *Begriff* wird zur menschlichen 'Wesenskraft', und Marx begrüßte bekanntlich emphatisch, dass Hegel die Arbeit begriffen habe als spezifisch menschliche Form, in der die Menschen ihr Leben selbst erzeugen und sich selbst als Menschen geschichtlich erst herstellen. Die Arbeit sei Realisierung des Begriffs und Vergeistigung der Natur zugleich. Und Marx kritisierte, Hegel habe bereits die Selbstvergegenständlichung des Menschen im Arbeitsprodukt als jene Selbstentfremdung betrachtet, die doch erst in der Abschöpfung des Arbeitsmehrwerts durch den Produktionsmittelbesitzer liege, in der Verwandlung des Arbeitsprodukts in Kapital. Das eine Plansoll objektiviere sich in tausend Produkten, aber ihr „Tauschwert" bilde eine Allgemeinheit, welche die vielen besonderen Gebrauchswerte der Arbeitskräfte und -produkte unter sich subsumiere. − Der gesellschaftliche Hauptwiderspruch zwischen Kapital und Arbeit war bei Hegel der Grundwiderspruch zwischen Allgemeinbegriff und Individuen, zwischen Gott und Menschen, zwischen abstraktem Verstand und lebendiger Vernunft. Die Aufhebung des Widerspruchs zwischen konkreter Arbeit und abstraktem Kapital, zwischen Begriff und Objekten, sehen beide Protagonisten in der Emanzipation der Gesellschaft vom Alten Bund, und beide wollen ihn nun beerben und zwangsenteignen, um ihre unschätzbare Vorarbeit als Gläubige *und* als Gläubiger, als schlaue Händler. Beide Geistesarbeiter sichern sich nun diese Dienste, lassen den alttestamentarischen Intellekt gern für sich arbeiten. Der christliche „Geist" soll ernten, was dieser Verstand erarbeitet hat; im einen Fall erbt der unternehmungslustige Bürger, im anderen Fall erbt der Proletarier : Sequestration.

Was dem Alten Bund vermeintlicher Endzweck sei, wollen beide als bloße Mittel benutzen für vermeintlich sittlichere und vernünftigere Ziele, damit die Menschen des AT die sozialeren Zwecke nicht als bloße Instrumente für ihre vermeintlich borniertem Privatzwecke missbrauchen können.

Wenn Max Weber Recht hat mit seiner Theorie, der Protestantismus sei der Heilige Geist des Kapitalismus, dann liegt der Antikapitalismus weniger im renovierten Papismus als im verabschiedeten Gesetz der Väter.

Schon Hegel hatte die 'Anstrengung des Begriffs' als Arbeit begriffen, als Selbsterzeugung des Menschen. Marx deutete materialistisch die geschichtliche Selbstbewegung der absoluten Idee um: Die 'Selbstentäußerung des Subjekts' sei in Wirklichkeit eine Produktion von Gütern, deren Rückkehr in die Subjektivität eine Konsumtion sei. − Die Selbstbewegung des Begriffs durch die objektive Welt hindurch zum Begriff zurück sei im Grunde der ideologische Reflex der Konsumtion produzierter Güter, durch die der Mensch sich und sein eigenes Leben selbst produziere. Kapitalismus war ihm die industrielle Abart der typisch alttestamentarischen Trennung von Gott und Welt. Marx verstand den Unternehmer als kleinen Herrgott und Gottvater als Universalkapitalisten. In der 'klassenlosen Gesellschaft' projektierte er die Vereinigung von Gattungsbegriff und Individuen, von Kapital und Wirtschaftsatomen, die 'Wiederaneignung des Entäußerten' und Rückkehr des Subjekts zu sich selbst aus dem Exil seiner produktiven Selbstvergegenständlichung.

„Je mehr der Arbeiter sich ausarbeitet, um so mächtiger wird die fremde, gegenständliche Welt, die er sich gegenüber schafft, um so ärmer wird er selbst, seine innre Welt, um so weniger gehört er sich zu eigen. Es ist ebenso in der Religion. Je mehr der Mensch in Gott setzt, je weniger behält er in sich selbst." (Marx : „Manuskripte 1844", Leipzig 1970, Seite 152) Dieser aus Feuerbachs Hegelkritik übernommene Gedanke findet sich bereits bei Hegel selbst, der daran denkt, die „Schätze, die an den Himmel verschleudert worden sind, als Eigentum des Menschen, wenigstens in der Theorie, zu vindizieren. Welches Zeitalter wird die Kraft haben, dieses Recht geltend zu machen und sich in den Besitz zu setzen?" (Hegels theolog. Jugendschriften, hrsg. von Hermann Nohl, Tübingen 1907, S. 225).

Ernst Bloch erinnerte in „Atheismus im Christentum" noch einmal daran, dass der Ursprung der marxistischen Kapitalismuskritik in Marxens Religionskritik lag. Die kritisierte Religion war natürlich die biblische. Während Hegel das AT kritisierte durch eine Apologie des kapitalistischen Protestantismus, griff Marx hinter AT und NT zugleich zurück auf eine Säkularisierung von Naturreligionen, gegen die der Alte Bund zwischen Gott und Mensch historisch überhaupt erst entstanden war.

Der Gläubige entäußere sich nur an seine himmlischen Schätze wie der Proletarier ans Kapital oder umgekehrt?

Marx begriff den Monotheismus seiner Väter als bloßen Überbau des aufzuhebenden Kapitalverhältnisses wie Hegel als aufzuhebenden Unterbau des philosophischen Geistes. Dem einen war das Alte Testament zu viel geistiger Überbau, dem Älteren war es zu wenig geistiger Unterbau. In Wirklichkeit war dieser Alte Bund geistiger als Hegels Begriffseinheit aller Individuen und natürlicher als Marxens kommunistische Partei. Es ist noch immer nicht vollbracht, nicht in Christus und in Lenin nun erst recht nicht. Der Grundwiderspruch von Kapital und Arbeit ist vom AT nicht geschaffen, wenn er ihn im Sozialismus nicht aufgehoben sah. Er war im DIAMAT so wenig *aufgehoben*, wie der typisch alttestamentarische Hauptwiderspruch von Gott und Mensch in Christus (und seinem Philosophen Hegel) aufgehoben ist.

Bei Hegel waren die wahren Monotheisten nur die Sklaven ihres Herrgotts, bei Marx die kapitalen Herren ihrer proletarischen Sklaven, und beides verbindet sich zur Theo-rie, dass die kapitalen Monotheisten die Plebejer so treten, wie sie vor ihrem Herrgott buckeln.

Was mehr wert ist als das zur Selbsterhaltung des Einzelnen Nötige, werde akkumuliert in einem Reich Gottes und der Mensch zum Produkt seiner Produkte. Die alten „Gottesmörder" werden zum 'Mittelstand' gemacht: Die Knechte Gottes seien die Herren der Arbeiter.

Das Subjekt objektiviert bei Hegelschüler Marx seine Begriffe in real existierenden Produkten, die sich dann akkumulieren zum allgemeinen kapitalistischen Gesamtsubjekt, dessen Objekt das einzelne Subjekt wird.

Genauer : Meine Selbstobjektivierung in den Werken kehre nicht in meine eigene Subjektivität zurück, sondern verschwinde in der Subjektivität anderer Menschen, und der Arbeiter komme nicht in den Genuss der Früchte seiner Arbeit. Die produzierten Objekte kehren eben in andere Subjekte zurück als jene, die sich arbeitend in ihnen objektiviert haben; Produktion und Konsumtion verteilen sich auf verschiedene Menschenklassen. Im Gegensatz zum späteren „Kapital" und seiner national-ökonomischen Terminologie versuchten die Rohfassungen der 'Kritik der politischen Ökonomie', die frühen 'Grundrisse', noch Hegel vom Kopf auf die Füße zu stellen in Hegels eigenen Worten. Der Arbeiter entäußere sich in Produkten, die außerdem ihm noch ganz veräußert sind an den Produktionsmittelbesitzer. Das nur Entäußerte kehrt ins Subjekt zurück durch Konsum, das Veräußerte nur durch Revolution. Hegel habe fälschlich die Entfremdung bereits in der Form der Gegenständlichkeit selbst gesehen, während Marx die Entfremdung nicht darin sieht, dass der Gegenstand noch nicht wieder in die Innerlichkeit zurückgekehrt sei, aus der er hervorgegangen ist, sondern dass er nicht der Gegenstand dessen bleibt, der ihn hergestellt und sich in ihm objektiviert hat.

Die Entfremdung liege nicht bereits in der Gegenständlichkeit der Produkte, sondern in der Rückkehr zu einer anderen Innerlichkeit als der, die sich in ihr selbst objektiviert habe.

Die Werkzeuge, um Hegels 'faule Existenz' in *vernünftige Wirklichkeit* zu verwandeln, gehören dem Produzenten so wenig wie die bearbeiteten Naturrohstoffe und die zu realisierenden Begriffe, und doch sind sie Werke des Arbeiters, geronnene Arbeit, objektivierte Subjektivität und humanisierte Natur. Ist Gottvater oberster Handwerker *wie* der Arbeiter Weltenschöpfer? Liegt der Proletarier vor dem Kapitalisten auf den Knien *wie* der alttestamentarische Bürger oder Nomade vor seinem Herrgott oder umgekehrt? Für Hegel war der Alttestamentarier die ewige Sklavennatur, der Proletarier vor seinem kapitalen Herrgott, für Marx der ewige Herrenmensch.

Während Russell und Bateson versichern, Idee und Individuum, Sein und Schein, seien grundsätzlich nie identisch, insistiert der Alte Bund darauf, sie seien bisher niemals identisch gewesen, d.h. sie seien immer noch nicht identisch bis heute. Es sei noch zu vollbringen, und es könne und solle noch vollbracht werden, weil es noch niemals vollbracht worden sei seit Anbeginn der Zeiten.

Die mathematische Logik verlangt, dass Sein und Bewusstsein nie eins sein können; die Eschatologik des AT verlangt, dass sie eins werden, also anzuerkennen, dass sie noch nicht eins sind, wo sie als eins ausgegeben werden, ob in Christus oder in Napoleon.

Das AT besteht nicht nur darauf (mit Hegel zu sprechen), dass die 'faule Existenz' der 'bloßen Tatsachen' noch nicht vernünftige Wirklichkeit und verwirklichte Vernunft ist, sondern auch darauf, dass die Wirklichkeit eben durchaus noch nicht vernünftig und die Vernunft ebenso noch nicht wirklich ist, weder in Berlin, noch in Moskau. Die Wirklichkeit ist noch keine Wirkung von Geist und das Arbeitstier noch nicht erleuchtet vom Licht der Vernunft.

Adorno war sogar päpstlicher als der Papst, wenn er zwanglose *Nichtidentität*, was immer das sein mag, für wünschenswerter hielt als erzwungene Identität, und jede Identität war ihm eine Zwangsintegration von Unvereinbarkeiten. Er bestand nicht nur darauf, dass Es noch immer nicht vollbracht sei, sondern dass es auch besser nie vollbracht werde, wenn das nur Einheit und Ganzheit bedeuten sollte. Er meinte nicht nur das Bestehende im Ganzen, wenn er es unwahr nannte, sondern wohl auch die Kategorie der Ganzheit und Einheit selbst. Hegel habe den Begriff wohl verfolgt bis zum Besonderen, aber nicht wirklich bis zum „Nichtidentischen", sondern nur bis zum identischen Begriff der Individualität selbst, nicht bis zur nackten Existenz und Tatsache, sondern bis zur Idee von Faktum und Existenz. Der Philosoph, wie Hegel ihn begreift, macht sich einen Begriff von dem, wovon der Christ sich nur ein Bild machen kann, und er macht sich einen Begriff von dem Bild, das sich der Christ von Gott und Welt macht. Ist das Christentum eine bloße Illustration des Hegelianismus? Georg Lukacs, der im Christentum Mystifikation sehen musste, sah in Hegels Religionsphilosophie natürlich nur die Mystifikation einer Mystifikation, und eine solche doppelte Negation sei nicht schon jene Entmythologisierung, die erst der DIAMAT ermögliche.

„Der Geist des Christentums wird deshalb ein Opfer nicht der jüdischen Unfähigkeit zu lieben, sondern der Hegelschen Religionsphilosophie." (*Walter Jaeschke*, 'Die Religionsphilosophie Hegels', 'Erträge der Forschung', Darmstadt 1983, Seite 56) Die Einheit von Gott und Mensch und Natur ist nach Hegel in Jesu Rückkehr zu seinem Vater bereits immer vollbracht, aber erst 'an sich'. An sich seien das Ansichsein und Fürsichsein bereits eins, aber noch nicht 'an und für sich'. Die 'faule Existenz' habe noch nicht die 'Anstrengung des Begriffs' geleistet und die Wirklichkeit erreicht, d.h. noch nicht sich als Wirkung des göttlichen Begriffs begriffen. Der christliche Begriff (oder genauer Hegels Begriff vom christlichen Bild) von dieser Einheit Gottes und der Welt sei selbst noch nicht verwirklicht, sagt auch Hegel. Es herrsche noch keine Einheit von 'fauler Existenz' und philosophischem Begriff (von der Einheit des Begriffs und der nackten Existenzen). Der philosophische Begriff von der Realisierung des Begriffs sei noch nicht realisiert, solange die christliche Gemeinde nicht identisch sei mit der ganzen Welt. Kurz : Nichts theoretischer als die Theorie der Praxis. Hegel hat die Differenz zwischen Vernunft und ihrer Verwirklichung einfach weniger *aufgehoben* als aufgeschoben und verschoben auf die Differenz zwischen an sich schon vernünftiger Wirklichkeit und 'fauler Existenz', und man darf sicher sein, dass er in dieser faulen Existenz die vorchristliche sah, die lieber ihren unendlichen Abstand von der absoluten Idee anbete, als diesen Abstand wegzuarbeiten wie der kapitalistische Protestant. 'Um so schlimmer für die Tatsachen', wo sie nicht mitkommen!

Hegel wirft dem AT vor, dort sei Gott noch nicht menschlich und der Mensch noch nicht Gott. Nun sagt das AT deutlich, der Ur-Abfall von Gottvater liege im Versuch, selbst Gottvater zu sein. Mit Freud gesprochen, der in Gott den idealisierten Vater und im leiblichen Vater den Herrgott auf Erden diagnostizierte, begehe ich die Erbsünde, wenn ich meinen Vater töten wolle, um als mein eigener Vater Frau Welt für mich allein zu haben, statt ein Mann *wie* mein Vater zu werden, um eine Frau *wie* meine Mutter eines Tages heimführen zu können. Wenn Mord und Ehebruch die Kardinalsünden gegen Gott sind, dann deshalb, weil der Urehebruch der mit der eigenen Mutter ist, die dem eigenen Vater gehört, der deshalb ermordet werden soll. Der Urmord ist der Vatermord noch vor dem Brudermord, und der Ur-Ehebruch ist nach Freud der Mutterinzest. Schon der bloße Wunsch ist nach Jesus verboten, nicht erst die Untat. Die biblische Ursünde ist schon der bloße Wunsch, Gottvater zu sein, um heim ins „Reich der Mütter" zu kommen, also den Vatergott zu töten, um zur Mutter Natur zurückkehren zu können, deren Paradieseingang er ja mit dem Flammenschwert bewacht. Der Antichrist wäre von daher der Versuch, diese Erbsünde einfach zur Urtugend zu machen und die biblischen Kardinaltugenden zu heidnischen Torheiten und glänzenden Lastern. *Eritis sicut Dii?*

Der biblische 'Baum des Lebens' verleiht Unsterblichkeit, und die ist nach dem Gesetz nur möglich in den eigenen Kindern, während die Antitheisten immer wieder mit dem Fernen Osten von einer Verewigung der eigenen Existenz träumen am 'Baum der Erkenntnis' vorbei. Die phallische Schlange verführt Eva dazu, Adam zu verführen, in Eva die Mutter Natur zu lieben, um aus dem Mutterleib der Natur vertrieben zu werden für den inzüchtigen Trieb (und außerhalb der mütterlichen Leibeshöhle zu Eva zu kommen).

Sophia : Bei Hegel ist der Heilige Geist die männliche Synthesis von Gottvater und Sohn, und es bleibt zweideutig, ob diese Synthesis bei Hegel eins ist mit der Mutter-Kind-Einheit oder die Vereinigung von Mann und Weib vorbereitet als Nicht-mehr-identität mit der Mutter Natur.

Mutter Natur gehört zu Gottvater, der Menschensohn zu einem ganz anderen Weibe. Zeugt der Vater einen Sohn, der ein anderer Vater wird als sein eigener, wenn der Begriff über die Realität zu sich zurückkehrt? Oder bleibt das Ewigweibliche bei Hegel als 'faule Existenz' der Mater-ie noch immer diesseits der Idee, die sich in die Welt setzt? Kehrt Christus als toter Sohn zum Vater zurück oder indem er selbst Vater wird, eins mit seinem Weibe und uneins mit seiner Mutter?

„Der heilige Geist ist die ewige Liebe ... Denn die Liebe ist ein Unterscheiden zweier, die doch füreinander schlechthin nicht unterschieden sind. Das Gefühl und Bewusstsein dieser Identität ist die Liebe; dieses, außer mir zu sein : ich habe mein Selbstbewusstsein nicht in mir, sondern im Anderen, aber dieses Andere, in dem nur ich befriedigt bin, meinen Frieden mit mir habe - und ich bin nur, indem ich Frieden in mir habe; habe ich diesen nicht, so bin ich der Widerspruch, der auseinandergeht -, dieses Andere, indem es ebenso außer sich ist, hat sein Selbstbewusstsein nur in mir, und beide sind nur dieses Bewusstsein dieses Außersichseins und ihrer Identität. Dies Anschauen, dies Fühlen, dies Wissen der Einheit, - das ist die Liebe. Gott ist die Liebe, d.i. dies Unterscheiden und die Nichtigkeit dieses Unterschieds, ein Spiel dieses Unterscheidens, mit dem es kein Ernst ist, das ebenso als aufgehoben gesetzt ist, d.h. die ewige einfache Idee. Diese ewige Idee ist in der christlichen Religion ausgesprochen als das, was die heilige Dreieinigkeit heißt; das ist Gott selbst, der ewig dreieinige." ('Das Reich des Vaters', Werke Bd. 17, FF/M. 1971, S. 221 f.) Hegel denkt sich die Religion als Geist der Liebe, aber der Liebe primär zwischen Gottvater und Sohn, nicht zwischen Mann und Frau. So gerät er in den Sog einer christlichen 'Aufhebung' der monotheistischen Religion, wenn er die dialektische Selbstvermittlung der absoluten Idee allein in der christlichen Trinität wirklich wiederfinden zu können glaubt.

Die Beziehung zwischen dieser Beziehung von Vater und Sohn auf der einen Seite und der Beziehung von Mann und Frau auf der anderen Seite wird auch von Hegel nicht wirklich begriffen und auf den Begriff gebracht. Er erkennt darin nicht seine „Identität von Identität und Differenz", weil er nicht die Vernunft darin wiederfindet, sondern das Spiel zufälliger Vorstellungen, Bilder und Gefühle, denen für seine Begriffe noch zu viel Natürliches und Sinnliches beigemischt ist, um wirklich eine Einheit von theoretischer und praktischer Vernunft, von Richtigkeit und Gerechtigkeit, zu ergeben.

Es liegt keine begriffliche Notwendigkeit in Hegels Verfahren, die dialektische Triade am reinsten in der christlichen Trinität verkörpert und illustriert zu sehen, es sei denn, Hegel habe seinen Begriff von dialektischem Begriff erst selbst aus dem Versuch gewonnen, sich nicht nur ein *Bild* von seinem schwäbischen Protestantismus und lutherischen Pietismus zu machen, sondern eben einen Begriff. Ist Hegels Begriff vom Begriff aus der Heiligen Dreieinigkeit gewonnen und abstrahiert oder umgekehrt?

Natürlich hätte es dieser Begriff von Begriff nicht verwehrt, sich bereits hinreichend klar und deutlich realisiert und inkarniert zu finden im Alten Bund zwischen Gott und Mensch, nicht erst im Neuen zwischen Vater und eingeborenem Sohn. Dass Mann und Frau, die aus verschiedenen Familien stammen, doch beide Kinder desselben Gottes sind, macht ja ihre Liebe zueinander noch zu keiner Blutschande. Aber Hegel braucht die Vermählung von Gott und Mensch und ihre Vermischung, die er sowohl in urchristlichem Mythos wiederfinden will wie in der indogermanischen Romantik, deren substanzlose Subjektivität er sonst so abweist, aber die ihm hier in den Kram passt, um die adamitische Gleichheit aller Menschen vor dem Einen Gottesbegriff aufzuheben.

Freud meinte, dass nach biblischem Recht Jesus nur für eine Mordtat hat mit dem Tode bestraft werden können und dass die, welche leugnen, dass Jesus Gottes Sohn gewesen sei, eigentlich bis heute leugnen, in Jesus den Vatermörder ermordet zu haben, der jeder von ihnen selbst ist, jeder Erdensohn, der in den Mutterleib der Natur zurück will. Ebenso wie kein Erdensohn im Paradiesgarten der Mutterleibeshöhle als unschuldiges Kind bleiben kann, ohne zu ersticken oder den Mutterinzest mit der Natur zu begehen, die Erbsünde, für die er mit der Paradiesvertreibung der Geburt bestraft wird, ebenso kann er vor dem Vater nicht stehen, ohne ihn beseitigen zu wollen, um in den Kindergarten Eden zurückzukommen.

40

Nach Freud wollen diese Leugner nicht anerkennen, dass jeder selbst der Vatermörder ist, den er in Christus verfolgt, den Sohn des Vatergotts. Sie wollen in Christus nicht sich selbst wiedererkennen und in sich selbst nicht die Vatermörder. Für Hegel sind die nur „Aufgeklärten" so verständig wie unvernünftig, beschränkt und geistlos : Sie trennen gewaltsam, ohne gewaltlos wiedervereinigen zu können, und sie richten, ohne lieben zu können. Der Urmonotheismus sei auf dem Wege zum Christentum eine ebenso notwendige Entwicklungsstufe wie der Verstand auf dem Wege zur Vernunft notwendig, aber nur als Durchgangsphase. Was als Mittel und Weg seinen Sinn und sein ewiges Recht habe, werde aber pervers, wenn es sich zum absoluten Endzweck aufwerfe und das Mittel als Zweck heilige. Der Erzvater sprach aus Adorno, als er in Hegels 'Ganzheit' das Totalitäre begriff und angriff. Was Hegel „freie Liebe" nenne, sei selbst die Vergewaltigung, die sie aufheben wolle zwischen Ich und Alter Ego, und Hegel nenne Lieben, was nur ein Identifizieren sei und keine Vereinigung. Dieser Vorwurf ist berechtigt, wo Hegel etwa in staatlicher Einheit die Vereinigung von Liebenden wiederfinden zu dürfen glaubt, aber Adorno seinerseits schüttet das neugeborene Kind mit dem christlichen Taufbad aus, wenn er bereits in der genital fruchtbaren Vereinigung der Geschlechter jenen Ganzheitstotalitarismus sieht, den Hegel gegen die Zerrissenheiten des bürgerlichen Konkurrenzzeitalters auffährt. Die zwanglose Einigung von morgen kann Adorno erst sehen in der Befreiung der 'polymorphen Perversität' des Kindes, die beim Erwachsenen psychotisch wiederkehrt. Wo Hegel die eheliche Liebe und Familie philosophisch rechtfertigt, behält er Recht gegen Adorno; wo er diese Familiarität 'gut aufgehoben' denkt in der Göttlichkeit des preußischen Staates und in der lutherischen Reformation, fällt er hinter Adorno zurück.

Die dialektischen Materialisten werfen dem dialektischen Idealisten Hegel vor, er verstehe Mutter Natur als Kind ihres Kindes und lebe deshalb in einer verkehrten Welt. Das ist ein Missverständnis Hegels, aber Hegel versteht die Welt besser, als seine Gegner ihn verstehen.

Was religiös als *Sündenfall* vorgestellt ist, lehrt Hegel als vernünftig zu verstehen : Der Erdensohn Adam hat den Kindergarten Eden zu verlassen, weil er von der verbotenen Frucht der Mutter (Natur) genascht hat, und er kann nicht in der Mutterleibeshöhle der Natur bleiben, ohne sich inzüchtig an ihr zu vergreifen und dafür die Strafe der Paradiesvertreibung und Menschwerdung auf sich zu ziehen. In den Schoß des Ewigweiblichen zurückkehren darf der alte Adam nur um den Preis, nicht in den Schoß der eigenen Mutter zurückzuwollen, und der 'Engel mit dem Flammenschwert' ist der Bote des himmlischen Vaters, der gefallene Engel, die Schlange am *Baum der Erkenntnis*. Eva ist nicht die Mutter Adams und lockt ihn heraus aus der Leibeshöhle der Mutter Erde, aus dem Kindergarten der pränatalen „Edentität". Adam hat die 'freie Wahl', im Schoß der Mutter Natur zu bleiben oder sich inzüchtig am Eigentum Gottvaters zu vergreifen — und das vorgeburtliche Paradies verlassen zu müssen, um zu arbeiten. Er hat die freie Wahl, erwachsen zu werden oder als Kind zu sterben, und hat sich doch immer schon entschieden : Die 'Erbsünde' besteht darin, zur Freiheit von Mama verdammt und auf ewig zum Exil verurteilt zu sein : Frei voneinander, ohne einander zu freien.

Der Vater ist dadurch Vater, dass er ein Kind in die Welt setzt. Er erzeugt sich selbst als Vater, indem er ein Kind zeugt. Er wird sein eigenes Kind, und das Kind wird Vater, indem es (wie sein) Vater wird. Der Sohn wird dadurch eins mit dem Vater, dass er selbst Vater wird. Das Christentum, dessen philosophische Apologie Hegel betreibt, gibt Jesus eine irdische Mutter und einen himmlischen Vater, also keinen leiblichen Vater und keine göttliche Mutter. Christus ist eingeborener Sohn des gottväterlichen Begriffs und nicht der Mutter Natur. Das menschliche Selbstbewusstsein ist bei Hegel die Selbstverwirklichung der göttlichen Idee, und Jesus realisiert das Gesetz, indem er den weiblichen Schoß verlässt, ohne je zu ihm zurückzukehren. Aber verkörpert Jesus wirklich die göttliche Idee des Menschen? Schließlich wird er nicht Ebenbild seines himmlischen Vaters, indem er sich mit einem anderen Weibe als seiner Mutter vereinigt. Die beiden Bewegungen von oben und von unten kommen einander nicht wirklich entgegen: Dass der Vater sich selbst in seinem Sohn erzeugt *und* dass der Sohn seine Mutter verlässt, um selbst Vater zu werden, und Vater wird, indem er sie verlässt.

Nach Hegel gehört es zur 'absoluten Idee' Gottvaters, seinen Sohn freizulassen in die Selbständigkeit und in die volle Unabhängigkeit von ihm. Die Freiheit seiner Frucht von ihm gehöre zum Erzeuger selbst, und es sei ein Teil des Vaters, *dass* sein Sohn kein Teil des Vaters sei. Fassen wir die Dialektik zusammen, in der Hegel die Menschwerdung des Mannes begreift.

Der Vater, den ich habe, ist ebenso ein anderer als der Vater, der ich werde, wie das Weib, das meine Mutter ist, eine andere ist als das Weib, das ich zur Mutter meiner Kinder mache und nicht zu meiner Mutter. Hegels Kardinalsünde beginnt dort, wo er glaubt, die „göttliche Idee des Menschen" protestantisch begreifen zu müssen und Christus als die Verkörperung dieses Heiligen Geistes menschlicher Verhältnisse.

Seine trinitarische Apologie der Dialektik will dialektische Apologie christlicher Trinität sein. In Jesus wird der Sohn sterbend der Vater, dessen Vater er war, indem er zwar nicht die Mutter zu seinem Weibe macht, aber auch kein anderes Weib zur Mutter seiner Kinder.

Ist die Imitatio Christi wirklich und wahrhaftig eine Imitatio Dei? Man erlaubt sich, das mit dem AT zu bestreiten. Jesus bleibt Kind seines himmlischen Vaters, indem er kein leiblicher Vater eines Kindes wird. Zu seiner Mutter sagt er : „Weib, was habe ich mit dir zu schaffen?" Am Kreuz ruft er : „Mein Vater, warum hast du mich verlassen?" Nach christlicher Lesart verlässt Jesus als Christus die Einheit mit dem Leib des Weibes, indem er tot zu seinem Vater zurückkehrt, statt ein anderer Vater zu werden als der, den er hat, indem er sich eine andere Frau nimmt als die, aus der er kommt. Er wird kein leiblicher Vater, weil er keinen leiblichen Vater hat, und er misstraut dem Weibe, weil er seiner Mutter nicht traut. Um kein Sohn des Joseph zu sein, ist er lieber Sohn Gottes als der uneheliche Sohn des römischen Offiziers Panthera. Und um kein Gatte der Maria zu werden, wird er lieber gar kein Gatte als der Gatte einer Magdalena oder ...

Zeitlebens hasst Jesus seine Mutter, weil er nicht weiß, ob er der Sohn des Zimmermanns Joseph oder Gottvaters oder eines römischen Offiziers ist, mit dem Maria ihren Mann betrogen haben könnte. *Pater semper incertus.* Wird Jesus kein Vater, weil er keinen hat? Wer nicht weiß, ob er Kind dieses Vaters ist, wird niemals gewiss sein, ob er Vater dieses Kindes ist.

Der vermeintlich zu beschränkte alttestamentarische Verstand und Intellekt war im deutschen 'Geist' weder je gut aufbewahrt noch auf eine höhere dialektische Stufe gehoben, sondern nur verdrängt, vernichtet und in die Hölle geworfen. Der Alte Bund verstand Freiheit als Freiheit *durch* das Gesetz, Hegel verstand sie als Freiheit *vom* Gesetz. Das AT will das Gesetz der Selbstbefreiung vom Gesetz des Dschungels sein. Hegel lehrte die Freiheit *vom* Gesetz Gottes *zum* Code Napoléon. Für Hegel heißt eine Grenze setzen, sie immer auch schon übertreten zu haben und überschritten haben zu wollen. Das Gesetz Gottes erfüllen, heißt für Hegel und nicht für ihn allein, das 'Gesetz' christlich zu übertreten. Die 'absolute Idee' als Einheit von Gesetz und Erfüllung ist bei Hegel die Einheit von Gesetz und Übertretung durch christliche „Aufhebung" in Luft und Liebe.

Auch Hegel versteht die Weltgeschichte als Weltgericht, aber nicht die Freiheit als 'Einsicht in die Notwendigkeit' des göttlichen Gesetzes. Auch für das AT geht es in der Welt vernünftig zu, sofern jede böse Tatsache als naturgesetzliche Folge menschlicher Untaten verstanden wird und jeder Mensch gut existenzialistisch genau das Leben hat, das er verdient, wenn er nur seine Gewissensforschung tief genug treibt. Der Alte Bund glaubt nur zu ernten, was er selbst gesät haben muss; er glaubt an kein Schicksal und keine Absolution von den Naturgesetzen, die mit den Sittengesetzen zusammenfallen, sobald sie Motive menschlichen Handelns werden.

Ernst Bloch hat nur scheinbar das Monotheistische gegen das Preußische verteidigt, als er das 'Noch-nicht-sein' gegen Hegels Vollbrachtsein verteidigte. 'Noch nicht' alles ist für Bloch geboren und entbunden, was in Mutter Natur schlummere. Was in ihr stecke, ohne dass ein Vater etwas in sie hineinsteckte, müsse heraus in Jungfernzeugung. Das Schöpferische als Trächtigkeit einer jungfräulichen Mutter Erde, keine Idee ist weniger gesetzmäßig als die des geistig nur halb beschnittenen Bloch.

Der monotheistische Spiritualismus sieht anders als der deutsche Idealismus die Kluft nicht erst zwischen 'fauler Existenz' und vernünftiger Wirklichkeit, sondern zwischen Vernunft und Wirklichkeit selbst : Es sei *nicht* vollbracht. Die politische 'Antezipation der Zukunft' führt meist nur dazu, das Himmelreich auf Erden hier und jetzt zu früh auszuposaunen, also den Himmel Hölle zu nennen und die Hölle einen Himmel auf Erden.

Hegel war für die bürgerliche Gesellschaft aus demselben Grunde, aus dem Marx dagegen war. Beide wollten keine Gesellschaft : Jeder der beiden sah in der Revolution die soziale Endlösung. Hegel suchte im Bürger den Antikleriker und Marx im Proletarier den Antikapitalisten. Der Monotheist, ob nun orthodox oder liberal oder assimiliert, hat den deutschen Materialismus nicht weniger zu fürchten als den deutschen Idealismus, ob nun subjektiv oder objektiv, dialektisch oder absolut gewandet. Kurz : Im Monotheisten ist eher der Proletarier und im Arbeiter eher der Gesetzestreue zu suchen. Die monotheistische Emanzipation ist keine Emanzipation vom Monotheismus, als Assimilation an geistigen und materiellen Besitz. Entweder hat es im Kopf oder in der

Tasche, besser in beidem zugleich als in keinem von beiden, und im Zweifelsfall lieber in der Tasche als im Kopf, wer nicht als 'Verkopfter' geköpft werden will. Lessing empfahl als bürgerliches 'Entreebillet' *(Heine)* weniger die Taufe als das materielle und geistige Privateigentum, also genau jenes, was Marx ihnen wieder abjagen wollte durchs gemeine Volk.

Marx wollte den Proletarier gegen den Monotheisten aufgehetzt sehen, statt im Monotheisten den Proletarier und im Proletarier den Monotheisten anzuerkennen. Seit Marx lässt sich Antikapitalismus kaum noch betreiben, ohne Antitheismus zu treiben. Marx und Hegel, deutsche Bürger, lassen einem keinen Ausweg : Wer in ihren Systemen dem Monotheisten wohlwill und gut ist, muss Adel des Blutes oder des Geistes oder des Geldes sein. Nachdem der deutsche A(nti)theismus seine idealistische, materialistische, kapitalistische und sozialistische Phase durchlaufen hat, wird es endlich Zeit, zurückzukehren zum Prekariat des Monotheismus und zur Gesetzestreue demokratischer Proletarität.

In Hegel behält der deutsche Idealismus sich alle geistige Potenz zur Vereinigung des Getrennten vor und überlässt dem AT das Feld der analen Abgrenzungen, Teilungen und Trennungen. Will man Hegel glauben, sind es nur die vom Neuen Bund, die lieben, und die vom Alten Bund, die nur hassen können. Der klassische deutsche Idealismus verdrängt die offenkundige Herkunft des schwäbischen Pietismus aus der alttestamentarischen Mystik des Mittelalters, deren Säkularisation er darstellt. Was am Idealismus eine Apotheose der Vernunft ist, verdankt sich der aufgeklärten Rationalisierung einer Mystik, aus der der Mythos wieder befreit wird, der in der Mystik gerade gebannt werden sollte.

Hier hat die erst später diagnostizierte „Dialektik der Aufklärung" einen Entstehungsort: Die Aufklärung über die Mythen schlägt selbst in den Mythos zurück, der in der Mystik ans Gesetz Gottes gebunden war und durch die säkulare Rationalisierungsleistung der Aufklärung dann erneut aus der vernünftigen Bindung ans Gesetz Gottes 'befreit' wurde. Diese Art der Aufklärung war Emanzipation, aber eben auch Emanzipation vom Gesetz der Emanzipation selbst.

Die Mystik hatte 'Zäune' gebaut um das Gesetz, um es als Bedingung der Möglichkeit menschlicher Emanzipation zu verteidigen gegen heidnische, griechische und kirchliche Anfeindungen. Die 'Aufklärung' verdrängte dann den sexualsymbolischen Sinn aus der mystischen Apologie des AT; die Aufklärung war keine sexuelle, sondern eine puritanische. Der Alte Bund sah Gott und Mensch eben nicht in Christus homoerotisch vereinigt und im Heiligen Geist nicht die homophil(osophisch)e Vereinigung von (Gott-)Vater und Sohn, sondern nur den Geist geschlechtlicher Liebe zum Leben. Und wenn Hegels Verdikt stimmt, dass der Alte Bund beschränkt blieb auf reinen Verstand als bloßem Verständnis für Schranken und Differenzen, dann hat der, anders als die deutschen Idealisten, die entscheidende Grenze eben nicht gezogen zwischen Natur und Geist, Sinnlichkeit und Sinn, sondern quer durch Natur und Geist, quer durch Sein und Bewusstsein, zwischen Reinheit und Unreinheit.

Rein ist der Geist so wenig, wie die Natur unrein ist, sondern es gibt beim AT reinen Geist und reinen Ungeist, wie es erlaubte und auch verbotene Natur gibt. Verboten sind Mord und Ehebruch, Vatermord und Blutschande, aber Askese und „Familienplanung" gelten als widernatürlich.

Wenn dialektischer Idealismus und dialektischer Materialismus zwei Kehrseiten desselben Antimonotheismus
sind, wenn also Marx die soziale Revolution ebenso als
Emanzipation jeder Gesellschaft vom Monotheismus
forderte wie Hegel die Freiheit als Emanzipation vom
Gesetz Gottes, dann muss wohl im Gesetz und seiner
plebejischen Autorität dieser Antagonismus von Materialismus und Idealismus längst dialektisch gut 'aufgehoben'
gewesen sein auf eine typisch undeutsche Weise.

Die christliche wie die sozialistische 'Aufhebung' des
Gesetzes bedeutet ganz einfach, dass das göttliche Gesetz
beim Übergang vom Himmel auf die Erde weniger in seiner Wahrheit bewahrt und auf höhere Stufen gehoben
als vernichtet wird. Erst wird das Gesetz vernichtet,
dann der Gesetznehmer und der Gesetzgeber am Ende
für tot erklärt.

Die philosophische Aufhebung der christlichen Trinität
ergibt dann die dialektische Triade der Aufhebung selbst:
Bewahrung, Vernichtung und Erhöhung. Monotheisten
werden vernichtet, weil sie als die Vernichter der christlichen Trinitarier (und auch ihrer triadischen Dialektiker)
verfolgt werden.

Hegels philosophische Rechtfertigung des Protestantismus (oder die christliche Illustration des absoluten deutschen Idealismus) ist nur Homophil(osoph)ie zwischen
(Gott-)Vater und Sohn; der Heilige Geist der Idealisten
ist uranische Versöhnung von Vater und Sohn, wobei das
Kind seines Vaters kein Vater seines Kindes wird, sondern
am Vater stirbt. Hegel rechnet den antitrinitarischen
Monotheismus in seiner Geschichtsphilosophie unter die
orientalische Despotie : Gott sei zwar nicht Naturüber-

macht und himmlisches Donnerwetter mehr, sondern freier Geist, aber der einzige Freigeist, der die Menschen zu geistlos materialistischen Sklavenseelen mache. Die alttestamentarische Gesetzestreue kann ein Hegel nur als blind autoritätsgläubige Heteronomie verachten, da die Gesetzestreuen sich nach eigenem Bekenntnis ihr Gesetz nicht selbst gegeben, sondern von ihrem Herrn empfangen haben. Und da das AT Götzendienst, Mord und Ehebruch als primäre Bedingungen von Unfreiheit anführt, feiert Hegel in griechischem Polytheismus, Kriegstod fürs Vaterland und inzüchtiger Vereinigung mit Mutter Natur die vernünftigen Formen individueller Emanzipation.

Marx hat versucht, mit Hegel gegen Hegel zu denken, indem er Hegels Methode von der Funktion löste, eine Theorie des aufsteigenden und aufgeklärten Bürgertums seiner Zeit zu begründen. Aber während der dialektische Idealismus die bürgerliche Theorie des Bürgertums war, ist der dialektische Materialismus eine bürgerliche Theorie der Bürgerschrecklichkeit gewesen, eine Theorie *für* Proleten und nicht *von* Proleten. Der nichtproletarische Ursprung des Marxismus endete in seiner antiproletarischen Funktion. Hegels Rechtsphilosophie wollte vielleicht mehr als die preußendeutsche Realität seiner Zeit in Gedanken erfassen, aber nicht mehr als die konstitutionelle Erbmonarchie als Bedingung der Möglichkeit von bürgerlicher Unternehmungslust und protestantischer Arbeitswut.

Hegel wollte die Freiheit des Bürgers zu arbeiten philosophisch rechtfertigen. Marx wies ihm nach, er habe nur die bürgerliche Freiheit gerechtfertigt, andere für sich arbeiten zu lassen, die eben dadurch nicht Bürger würden. Für Hegel war Bürgertum die Freiheit zu arbeiten, für Marx die Freiheit, arbeiten zu lassen.

Das bürgerliche Gesetzbuch schützte bei Hegel vor allem die Bürger voreinander und vor den Proletariern, nicht diese primär vor jenen, und in Proletariern sah Hegel nicht primär Bürgerschrecks, sondern Noch-nicht-Bürger (oder Nicht-mehr-Bürger). Man hat gesagt, die deutschen Idealisten seien fortschrittlich gewesen in ihrer Kritik an Feudalismus und Klerikalismus, aber reaktionär als Kritiker an Proletarismus wie an Naturwissenschaft. Aber in seinem Antitheismus war der dialektische Materialismus nicht weniger antiproletarisch als sein idealistischer Widerpart. Beide enden als bürgerliche und deutsche Spießgesellen gegen den Kosmopolitismus des urplebejischen Gottesgesetzes.

Marx beschrieb den Geist der Arbeit wie Hegel die Arbeit des Geistes, die 'Anstrengung des Begriffs' wird zum Begriff von Anstrengung, aber der Proletarier muss gegen Marx eine Geistesphilosophie entwickeln, die ja nicht unbedingt bei Hegel landet, und gegen Hegel den Pragmatismus des 'Gesetzes' erkennen, ohne in einem *HistoMat* zu enden.

Bei Hegel kommt die Materie mehr vor als ihre plebejischen Bearbeiter, bei Marx kommt die Arbeit des Geistes zu kurz, weil sie nie zum Geist der Arbeiter wird. Der Bürger mag sich über den ideologischen Charakter seines Ungeistes permanent täuschen müssen, der Arbeiter täuscht sich durchaus nicht über den geistigen Reflex seiner Geistlosigkeit.

Nehmen wir also von Hegel die Idee einer Philosophie des Geistes, von Marx die Idee einer Philosophie des Arbeiters und führen sie dort zusammen, wovon sie nie ausgingen, von der Philosophie des Geistesarbeiters, der *von* Industriearbeit lebt und nicht *für* sie. Bevor der Arbeiter Zeit hat, Philosoph zu werden, um die Philosophie

51

von Marx auch nur zu prüfen, erklärt Marx die Philosophie für aufgehoben in der politischen Aktion, die sich
auf seine Philosophie beruft. Wenn Kapitalisten nur un-
dialektische Materialisten sind, haben Arbeiter endlich
Geistesarbeiter zu werden. Die Philosophie des Monotheismus ist eine Philosophie von Erwachsenen für Erwachsene und alle, die es werden wollen.

Erst einmal ist an Auswendigkeit und Leibhaftigkeit zu
erinnern gegen idealistisch gerechtfertigte protestantische
Innerlichkeit und gesinnungsfeste 'Gewissenhaftigkeit'
(der frei machenden Arbeit, vor allem der Arbeit an den
Arbeitern selbst). Hegels Geschichtsideal war die athe-
nische Polis : In ihr war noch im Einklang, was später
notwendig auseinander treten musste in die extreme Differenz zwischen römischem Individualismus und orienta-
lischer Substantialität, zwischen der alttestamentarischen
'Despotie der Wahrheit' und der römischen Entfesselung
des Rechts auf Irrtum und Irrsinn.

Und bei Hegel kehrt der Heilige Geist der christlichen
Versöhnung zwischen Vater und Sohn nur zur hellenistischen Homophil(osoph)ie zurück wie die Synthese zur
These, um die ganze Geschichte der antiautoritären Ge-
schichtsbewegung bereichert. Angeblich war die Weltgeschichte nur dazu gut, jedem Einzelnen klar werden zu
lassen, dass er im platonischen Staat gut aufgehoben gewesen wäre.

'An sich' war in Hellas schon alles ganz gut und schön,
nur noch nicht für jeden Einzelnen : Im Berlin von 1800
lebe er aber 'an und für sich' so gut, wie im Athen von
Platon nur 'an sich', und nach Hegel ist die moderne
öffentliche Meinung nur dazu da und gut, „dem Volk zu
zeigen, dass es gut regiert wird", dem Volk, „das nicht
weiß, was es will". Deutsche Reformation als Restaura-

52

tion griechischer Polis durch römisch-republikanische Freiheit kommt nach Hegel dann im römisch drapierten Napoleonismus wieder zutage, den er in Berlin herrschen sieht. Napoleon habe das alte Preußen nur besiegt, um vom neuen Preußen überholt zu werden. In der 'Phänomenologie des Geistes' von 1807 geht der Dreischritt von Kunst, Religion und Philosophie aufhebend hinaus über napoleonische 'Aufhebung' des jakobinischen 'Tugendterrors' Robespierres und der Guillotinen.

Marx hat gezeigt, dass der Bourgeois nicht von Adel und Kirche zu befreien und nicht loszulassen ist, ohne ihn auf Arbeiter loszulassen, dass der offene Kampf des Citoyen gegen den Feudalismus nicht möglich war ohne den versteckteren Kampf des Bourgeois gegen den Proletarismus und dass der Bürger nur aufhört, sich von der Aristokratie ausbeuten zu lassen, wenn er anfängt, Arbeiter selber auszuplündern. Nicht vorhergesehen hat Marx, dass Hegels Staat als Bedingung der Möglichkeit bürgerlicher Emanzipation von Adel und Kirche nicht weniger die Bedingung der Verhinderung bürgerlicher Emanzipation war, wie eine sozialistische Partei die Bedingung der Möglichkeit weniger der proletarischen Selbstbefreiung als ihrer Selbstfesselung (durch die eigenen Gegenorganisationen) wurde. Die 'Heteronomie' des preußischen Staates zur bürgerlichen Gesellschaft und der sozialistischen Parteien zur proletarischen Masse war immer ungeheuer viel größer als die vermeintliche Heteronomie des Gottesgesetzes zur Gemeinschaft der Plebejer.

Wenn von Hegel überhaupt etwas ihn selbst, den Antihegelianismus und das ausgehende 20. Jahrhundert überleben könnte, dann weniger seine marxistische 'Aufhebung' oder jene theoretischen Partien, durch die er berühmt ist als progressiver Theoretiker des aufsteigenden Bürgertums seiner Zeit, sondern dialektisch gerade durch das, was als reaktionärster Teil seiner Philosophie gilt. Auch heute noch zukunftsträchtig scheinen von Hegel weniger seine Jugendschriften, Geschichtsphilosophie und Volksphilosophie, die Rechtsphilosophie und Religionsphilosophie, sondern eher seine Naturphilosophie, Ästhetik und auch „Wissenschaft der Logik", die „Gedanken Gottes *vor* der Schöpfung" der Staaten.

Der Proletarier muss sich seine Philosophie des Geistes selbst schaffen, statt sie mit Marx in Parteiarbeit 'aufzuheben', und anknüpfen könnte er bei der „Entwicklung der Logik", die die Logik der menschlichen Entwicklung genauer enthält als Hegels Geschichtsphilosophie selbst. Das Reaktionäre ist nicht Hegels „Logik", sondern z.B. die dort entwickelten 'Reflexionsbestimmungen' dann in der Geschichtstheorie und Religionsphilosophie mit dem „beschränkten Verstand" des AT zu identifizieren, ihn nur im AT historisch und systematisch wiedererkennen zu wollen oder gar diesen Begriff vom 'bornierten Intellekt' der Aufklärung erst am AT gewonnen zu haben : Diese Identifikation ist der 'Logik' so äußerlich, wie Hegel solche Äußerlichkeit von Begriff und Realität immer gehasst und verhöhnt hat.

(An-)Erkenne dich selbst im anderen und den anderen in dir? Freiheit, Gleichheit, Brüderlichkeit als „Bei-sich-selbst-sein-im-Anderen" und zugleich als „Im-Anderen-bei-sich-selbst-sein".

Der Satz Lenins, Marx sei ohne Hegels 'Logik' nicht zu verstehen, ist dialektisch anders richtig, als Lenin glauben mochte, und überlebt noch Lenins materialistischen Kommentar zu Hegels 'Logik'. Diese 'Logik' ist vom Kopf auf die Füße zu stellen, aber nicht durch Köpfen, und „ohne Köpfen geht das Ding nicht" (Marx). Diese vermeintlich so überaus verknöcherte 'Logik', nach Sartre der idealistischste Teil des Hegelianismus, ist der progressivste, weil proletarisch brauchbarste Part dieses absoluten Idealismus. Hegels erster Schritt war ein Fortschritt, der nächste führte schon auf Holzwege, die erst bei Heidegger ihr Ziel offenbarten. Es lässt sich sogar noch ein Schritt weitergehen und sagen, Hegels Naturphilosophie und seine Ästhetik seien noch keine Kollaboration mit dem Fürsten der Welt gewesen. Aber gerade, was an Hegel besonders gelobt wird, die Vernunft als Geschichte verstanden zu haben und die Idee als freie Bewegung in der Welt, machte ihn anfällig für jede Kontamination mit Reaktion und Barbarei. Meist war der historische 'Fortschritt im Bewusstwerden der Freiheit' nichts als ein Fortschritt im Bewusstloswerden der Unfreiheit. Soweit die Geschichte vernünftig ist, ist sie meist keine Geschichte, und soweit die Vernunft anfängt, geschichtlich zu denken, hört sie auf, vernünftig zu sein. Mit der Zeit fängt der Geist an, Ungeist zu werden, und diesen Antinomismus hat Hegel ja als Abfall vom Gottesgesetz menschlicher Emanzipation gefeiert. Die Differenz zwischen Hegel und Marx war beim AT (und in der mittelalterlichen Mystik) noch gut 'aufgehoben'; in Marx und Hegel bricht aus, was im AT noch theoretisch und praktisch verbunden war.

Vielleicht ist die Natur ja weniger das 'Anderssein des Geistes' als vielmehr Hegels Naturphilosophie das Anderssein des deutschen Naturells, aber weiter als bis zum Rauschen des deutschen Waldes, bis zur Naturmystik und bis zum 'sinnlichen Scheinen der Idee' einer Hegelschen Ästhetik, durfte der deutsche Geist sich nie auf die Wirklichkeit einlassen, um nicht vom Übermenschen zum Unmenschen zu kommen. Hegel darf sich noch gerade vergessen am Natur- und Kunstschönen, um bei Verstand zu bleiben; sobald er beim Anblick der Geschichte außer sich gerät, verliert er den Verstand und mancher den

Kopf. Oft wird 'der oder das Andere' nicht vom Geist freigelassen, ohne nur die Sau rauszulassen.

„Das Gesetz ist vornehmlich das Schibboleth, an dem die falschen Brüder und Freunde des sogenannten Volkes sich abscheiden." (Vorrede zur 'Rechtsphilosophie') Mit diesem 'Gesetz' meinte Hegel gerade nicht das Gesetz Gottes. Das 'göttliche Gesetz' war ihm eher das 'unterirdische Gesetz' der als weiblich gedachten Familiarität im Gegensatz zum 'Gesetz des Tages' im männlich bestimmten öffentlichen Gemeinwesen. Im Übrigen ist für Hegel trotz aller philosophischen Aufwertung der „Volksgeister" das Volk selbst derjenige Teil des Staats, der nicht weiß, was er will und deshalb zu Recht an Staat, Regierung und Gesetzgebung nicht partizipiert in „konstitutioneller Erbmonarchie" oder im republikanischen Rechtsstaat.

Der Geist ist ihm die Einheit von Geist und Ungeist, und das Gesetz also die Einheit von Gesetz und Gesetzlosigkeit wie die Gerechtigkeit nichts als die 'Versöhnung' von Recht und Unrecht, nicht von Recht und Gesetz. In seiner Vergeltungstheorie hat der Verbrecher zu erkennen und anzuerkennen, dass er dort, wo er sein Opfer geschädigt hat, um Nutzen für sich selbst zu haben, 'im Grunde' nur sich selbst verletzt hat. In der Strafvergeltung mache der Staat am Täter nur wieder gut, was dieser in seinem Opfer sich selbst angetan habe. Für Hegels Dialektik ist Richtigkeit die synthetische Identität von Wahrheit und Unrichtigkeit, von Aufrichtigkeit und Unwahrhaftigkeit. Hegels Gesetzestreue ist gegen das Gesetz Gottes gerichtet, in seiner deutschen Dialektik ist das 'Gesetz' die Einheit von AT und NT als Anti-AT, so etwas wie die philosophische Rechtfertigung eines christlichen Sabatianismus. Die „Kabbala, in deren antinomistischen Konsequenzen deutlicher als anderswo sonst die Denkfiguren und Antriebe der großen dialektischen Philosophie vorausgedacht worden waren" (*J. Habermas* : 'Philosophisch-politische Profile', Frankfurt 1981, S. 378), hatte alles andere als „antinomistische Konsequenz" : Diese hatte erst die „große dialektische Philosophie" des deutschen Materialismus und Idealismus in Preußen. Was in der mittelalterlichen Kabbala eine gnostisch-mystische Grenzerkundung blieb, um nur apologetische Zäune zu errichten gegen hellenistische und christliche Umweltversuchungen, wurde im Deutschen Idealismus und seinem materialistischen Korrektiv eine geistdialektische Grenzüberschreitung in Richtung auf eine 'Aufhebung' des Alten Bundes fast um jeden Preis. Die von Habermas erkannten „antinomistischen Konsequenzen" waren wohl schon antimonotheistische Konsequenzen.

Mystik ist ein einziger Kampf gegen die Versuchung zum Rückfall hinter den Monotheismus, also zur Regression auf die Ebene der polytheistischen Mythologie und Naturdämonie. Die spekulative Philosophie Preußens nutzte den Rückgriff auf die AT-Mystik, um dieser Versuchung gezielt zu erliegen und die Hunde freizulassen, die in der Kabbala gerade an die Leine des Gesetzes zurückgeholt werden sollten. Mit nachtwandlerischer Sicherheit spekulierte die preußendeutsche Philosophie des 19. Jahrhunderts gerade auf das, wogegen die Kabbala überhaupt entstanden war, und durch ihren prononcierten A(nti)theismus verwischte diese Philosophie der 'deutschen Aufklärung' die Spuren ihrer biblischen Herkunft, indem sie ihn mit christlichem Antiklerikalismus verknüpfte. Man muss nicht weit übertreiben, um sagen zu können, die 'klassische deutsche Philosophie' sei zu einem Gutteil eben rationalisierte Kabbala ohne AT gewesen. Das 'göttliche Gesetz' wurde (als bloß heteronome Positivität) einer sittlichen Autonomie geopfert, die umgekehrt gerade in dieser Gesetzestreue besteht.

Dass Hegels 'faule Existenz', die sich sperrt gegen die 'Vernünftigkeit der Wirklichkeit', bei Marx fleißig wird, um im Proletarier an der 'Humanisierung der Natur und Naturalisierung des Menschen' zu arbeiten, treibt die Suspension und Erosion des Gottesgesetzes nur auf jene Spitze, wo das AT gleichsam nur noch der ideologische Reflex des Agrarfeudalismus gewesen sein soll und als dieser bloße 'Überbau' eben guten Gewissens 'aufzuheben' sei.

Hegels philosophische Rechtfertigung des Christentums ist allerdings 'antinomisch' gesetzwidrig, die 'Aufhebung' des Gottesgesetzes im preußischen Staatsrecht : Die 'Staatswissenschaft' ersetzt die Demokratie der alttestamentarischen Gerechtigkeitslogik.

Für den liberalen *Adorno* ging Hegels Antinomie nun nicht etwa zu weit, sondern im Gegenteil nicht weit genug. Er entdeckte noch zu viel verhasste Gesetzlichkeit im antinomischen Idealismus. Diesseits von dem bürgerlichen und göttlichen Gesetzbuch suchte er die wahre Vernunft nicht nur in Irrtum, Verirrung und Irreführung, sondern im Irrsinn. Moral schrumpfte ihm darauf zusammen, „ein gutes Tier gewesen zu sein" ('Negative Dialektik', Frankfurt 1975, S. 294) und sein Lieblingstier war das unreine Wildschwein, das er zum Fressen liebhatte. Hegel vom Kopf auf die Füße stellen, hieße nicht zuletzt, die „Phänomenologie des Geistes", die Bildungsgeschichte des Bewusstseins, von hinten nach vorn zu lesen. Wir haben uns angewöhnt, den Idealismus als philosophisches Destillat des Protestantismus zu verstehen, der den heidnischen Bilderkult aufhob, um Moral zu predigen, d. h. Praxis und Gewissen zu versöhnen. Aber ließe sich der Weg menschlicher Erfahrung deshalb umgekehrt mit Adorno triftiger als Weg vom absoluten Wissen zur sinnlichen Gewissheit beschreiben?

Von der Allmacht des Gedankens, vom animistischen Primärnarzißmus des „absoluten Wissens", einer idealistisch rationalisierten Kollektivpsychose, geht es zur monotheistischen Vaterreligion, die von der Mutter-Kind-Symbiose befreit. Wenn Gottvater tot und sein Gesetz aufgehoben ist, säkularisiert sich der Monotheismus zum Bilderkult erst der dreieinig christlichen und dann der polytheistisch autonomen Kunst. Erlaubt ist, was gefällt: Was gegen das göttliche Gesetz der Natur verstößt, ist erst in der Kunst und dann im Leben freigegeben. Die „Kunstreligion" macht sich ein Bild und keinen Begriff von der Welt, sie stellt die Kopie zwischen den Menschen und die originale Wirklichkeit, das sklavische Abbild wird zum angebeteten Vorbild. Am Ende wird die Welt zum videologischen Simulacrum ihrer selbst wie bei Baudrillard. Sobald l'art pour l´art aber ihre Autonomie aufgibt und sich engagiert für die Welt, wird sie Moralpredigt und 'ästhetischer Vor-Schein einer besseren Welt', in der Theorie und Praxis endlich übereinstimmen, Macht und Geist sich versöhnen, der Christ und die Landesobrigkeit einander tolerieren.

Hegels Moralphilosophie endet mit der erzchristlichen Versöhnung von Napoleon und Novalis, die in unserem Jahrhundert zur protestantischen Versöhnung von Diktaturen und Luthertum geführt hat. In der Guillotine der französischen Revolution sieht er Kants Sittengesetz über die Sinnlichkeit herrschen, aber in Wirklichkeit ist dieses Sittengesetz von Königsberg die verinnerlichte Form des Gottesgesetzes, ein Stück AT mitten im preußischen Protestantismus. Kants alttestamentarischer Imperativ ist politisch nicht realisiert im Pariser Fallbeil von 1789, sondern in der amerikanischen Verfassung von 1776. Als die amerikanischen Gründungsväter über den Menschen nicht länger den Menschen, sondern das Gesetz herrschen ließen, dachten sie ans Gesetz Gottes. Die Deklaration der Menschenrechte benannte nur die universalen Bedingungen der Möglichkeit individueller Selbstverwirklichung. Fortschritt von Kants Sittengesetz zu Hegels „Sitte" war ein Rückschritt von alttestamentarischer Unerbittlichkeit nicht zur christlichen Liebe, sondern zur protestantischen Kumpanei von Geist und Macht.

Der „Geist" der „Phänomenologie" geht von griechischer Sittlichkeit über den römischen Rechtsstaat zur französischen Aufklärung und dann zur napoleonischen Europäisierung der Menschenrechte. Aber der „wahre Geist" der Sittlichkeit war wohl weniger im Athen des Perikles zu finden. Die homosexuelle Sklavenhaltergesellschaft der alten Griechen als „schöne Einheit" von weiblicher Familien-Substanz und männlicher Polis-Subjektivität zu beschreiben, machte den Idealismus zu der von Marx verklagten Ideologie. Wenn die Familie irgendwo Keimzelle der Gesellschaft gewesen war, dann bei Patriarchen des AT und nicht bei den altgriechischen Philosophen. Was Hegel als Übergang von griechischer Unsittlichkeit über Ödipus zum verknöcherten römischen Recht beschreibt, dürfte eher der Weg in den Zeremonialformalismus eines nicht mehr verstandenen Gottesgesetzes sein. Hegels Übergang von der griechischen Substanz zum römischen Rechtssubjekt ist kaum der Weg vom demokratischen Athen über das heidnische Rom ins jakobinische Paris und dann preußische Berlin.

Der Heilige „Geist" der „Phänomenologie" macht den Dreischritt von den Griechen über die Römer zu den Franzosen, deren napoleonische Synthese dann zur preußischen These wird, statt den dreieinigen Kreis der drei Monotheismen zu durchlaufen. Hegels eurozentrische Geschichtsschreibung orientiert sich nicht an der orientalischen Wiege Europas und am fernöstlichen Ursprung des epigonal griechischen Philosophierens.

Europas Weg vom Alten über das Neue Testament in den Rationalismus der mathematischen Naturbeherrschung ersetzte den Fortschritt durch Rückschritt in den kapitalistischen Protestantismus, der sich idealistisch und sozialistisch säkularisierte.

Hinter dem scholastischen Aristoteles, der in Thomas von Aquin mit Christus koalierte, steckte auch ein empiristischer Aristoteles samt Thomas-Vorbild Maimonides und nicht nur ein pythagoreischer Platon, dessen mathematische Mystik die ganze europäische Naturbeherrschung mystifizieren sollte.

Der Hegel der „Phänomenologie" verrät die Brüchigkeit seiner geschichtlichen Konstruktion, wenn die *Vernunft* der Renaissance zwischen das „unglückliche Bewusstsein" des christlichen Roms und den „Geist" geschoben wird, der von den schönen Griechen über das heidnische Rom zur französischen Aufklärung wandert. Das „unglückliche Bewusstsein" des Mittelalters gehörte zwischen das heidnische Rom des Rechts und das aufgeklärte Paris der Bildung. In der „Phänomenologie" hat das „unglückliche Bewusstsein" je zwei verschiedene Vorläufer und Nachfolger. Einerseits geht es aus dem hellenistischen Skeptizismus hervor, andererseits aus dem römischen „Rechtszustand", und einerseits geht es über in die Naturforschung der Neuzeit und andererseits in den entfremdeten Geist der französischen Moralisten.

Hegels „offenbare Religion" will sich vom „unglücklichen Bewusstsein" unterscheiden wie die Reformation vom Papismus, aber ein nüchterner Kommentator wie John N. *Findlay* hatte zurecht darauf hingewiesen, dass Hegels Beschreibung des „unglücklichen Bewusstseins" eher auf Kierkegaards Protestantismus passen würde als auf den mittelalterlichen Katholizismus.

Dieses „unglückliche Bewusstsein" trägt eher alle Züge dessen, was Hegel sonst dem Alten Bund zuschreibt und dem „unendlichen Schmerz" seiner Gottesferne. Aber den naturbeherrschenden Geist der Neuzeit sieht Hegel als Erben des Mönchs, der Absolution des Absoluten sucht, indem er seinen Leib durch Kasteien aufhebt.

Bewusstsein, Vernunft, Geist, Religion und absolutes Wissen : der dialektische Dreischritt kommt aus dem Tritt. Der Kampf der „beobachtenden Vernunft" mit dem „unglücklichen Bewusstsein" verdoppelt sich unter „Geist" durch den „Kampf der Aufklärung mit dem Aberglauben" ebenso, wie das „geistige Tierreich" der Vernunft im „entfremdeten Geist der Bildung" wieder auftaucht. Der „Geist" der Aufklärung setzt hier die „Vernunft" der Renaissance nicht anders voraus, als dem „unglücklichen Bewusstsein" des Katholiken die Natur-forschung der Antike vorausgeht. Die Naturbeobachtung des griechischen Altertums wandert durch den römi-schen Hellenismus hindurch ins „unglückliche Bewusst-sein" der Christen. Der Geist der griechischen Sittlichkeit wiederholt das Bewusstsein der griechischen Naturfor-schung, aber das Kapitel über „Herr und Knecht" der griechischen Sklavenhaltergesellschaft enthält die Wahr-heit über den „wahren Geist" dieser griechischen Sitten. Kurz : Was Hegel in der „Phänomenologie" unter den Griechen beschreibt, träfe eher fürs AT zu, und was er unter „Herr und Knecht" beschreibt, gälte für die grie-chisch-römische Welt. Die „gesetzgebende Vernunft" ist Gottvater, und die „gesetzprüfende Vernunft" wäre so etwas wie eine rationale Überprüfung des AT-Wissens. Wenn das „unglückliche Bewusstsein" das christliche Mittelalter beschreibt, muss „Herr und Knecht" die grie-chisch-römische Welt betreffen, die dann nicht mehr die „schöne Sittlichkeit" einer Harmonie von gediegener Substanzialität und freier Subjektivität sein könnte.

Kastrationalität : Vergewisserte sich Hegel nur zwanghaft seiner schizoid zerfallenden Identität? Nie war er geisteskranker als im „Geist des Christentums" (1800).

Adornos „Verfallenheit ans Objekt" ist Heideggers „dem Sein hörige" Denken. Nur im ersten Kapitel über das Bewusstsein vom Anorganischen ist der von Adorno geforderte „Vorrang des Objekts" zu spüren. Aber das gewählte Beispiel für „sinnliche Gewissheit" führt sich sofort selbst ad absurdum : „Jetzt ist die Nacht", in der nach Hegel alle Katzen grau sind. In der Nacht des Absoluten verschwinden alle bunten sinnlichen Differenzen sofort wieder, kaum dass sie daraus aufgetaucht sind. Jetzt ist Nacht, und jetzt ist nicht mehr Nacht. Nicht zufällig beschränkt Hegel sich auf die bloßen Formen der Anschauung, Raum und Zeit, Hier und Jetzt, ohne auf das einzugehen, was in ihnen material erscheint an Klängen und Farben, Formen und Düften.

Hegel spekuliert darauf, dass mir vor dem Nebeneinander und Nacheinander der Dinge Sehen und Hören so vergeht, dass ich nur noch spekulieren kann. Jene „sinnliche Gewissheit", die das „absolute Wissen" sprengt, zu dem sie führen soll, wird bei Adorno nur vom reflektiertesten Fragment erreicht. „Was nicht festgehalten wird, ist nichts. Was festgehalten wird, ist tot." *(Paul Valéry).*

„Darf etwas den Namen von Philosophie überhaupt noch beanspruchen, dann solche Antithesen. Indem sie unversöhnt stehenbleiben, drückt der Gedanke die eigene Grenze aus : die Nichtidentität des Gegenstandes mit seinem Begriff, der ebenso jene Identität fordern, wie ihre Unmöglichkeit begreifen muss." (*Theodor Adorno*: „Valérys Abweichungen" (1960), In „Noten zur Literatur", Frankfurt 1981, S. 177). – „Die romantische Konzeption des Fragments als eines nicht vollständigen sondern durch Selbstreflexion ins Unendliche weiterschreitenden Gebildes verficht dies antiidealistische Motiv inmitten des

Idealismus... (Der Essay) muss so sich fügen, als ob er immer und stets abbrechen könnte. Er denkt in Brüchen, so wie die Realität brüchig ist, und findet seine Einheit durch die Brüche hindurch, nicht indem er sie glättet ... Diskontinuität ist dem Essay wesentlich, seine Sache stets ein stillgestellter Konflikt." („Der Essay als Form" (1954-1958), a.a.O., S. 24 f.)

„Der Begriff der Religion im System der Philosophie" von 1915 versuchte, die Einflussbereiche von Kants Vernunftbegriff und dem alttestamentarischen Gesetzbegriff säuberlich zu scheiden : Die menschliche Vernunft sei das Gesetz der Allgemeinheit, das göttliche Gebot aber das Gesetz des Individuums in Sünde, Reue und Erlösung. Die Bibel wird zum Anwalt der Individualität, da die Vernunft nur vom Allgemeinen zum Besonderen reicht; so ist die konfliktlose Koexistenz von Religion und Philosophie philosophisch abgesichert. Erst dem späten *Cohen* genügt diese neukantianische 'Aufhebung' der Religion nicht mehr. Zwar bleibt Gott für ihn nur ein sittliches Ideal, statt eine reale Person zu werden, aber Cohen erkennt plötzlich ein transzendentes Sein über dem immanenten Werden an. Das Wesen Gottes bleibe unerkennbar. Kant hielt es für unmöglich, Gottes Existenz aus seinem Wesensbegriff zu erkennen, Cohen erklärte umgekehrt die Erkennbarkeit seines Wesens aus seiner Existenz für undenkbar. Gott offenbare uns sein Gesetz und nicht sein Wesen. Das NT spricht laut Cohen zu Unrecht über das übersinnliche Wesen Gottes, das AT zu Recht von seinem sittlichen Willen. Dieser Wille sei so (an)erkennbar wie sein Wesen allerdings gut kantianisch unerkennbar. AT sei praktische Vernunft, NT als theoretische Vernunft eben Mythologie. Kant ist der authentische deutsche Philosoph jeder alttestamentarischen Linken, Hermann Cohen der Doyen des Linkskantianismus mit seinem „ethischen Sozialismus". Das „Ganze" brachte Kant auf Ideen der Vollkommenheit, Heidegger aber nur in die Stimmung der „Angst".

Hegels Wirklichkeit ist Vernunft über der faulen Existenz der Fakten und zugleich faule Existenz unter der Vernunft. In seiner ausgearbeiteten Religionsphilosophie fungiert der Qoran nicht als dialektische Synthese von AT und NT, sondern eher als Rückfall zum (vermeintlich christlich gut *aufgehobenen*) AT.

Kierkegaard wollte sein Leben nicht nach rückwärts leben und nicht nach vorwärts verstehen. Das Existenzielle, das er gegen Hegels Weltvernunft mobilisierte, war die Begriffsstutzigkeit seines Buckels, der so unendlich in sich reflektiert war wie Hegels Allgemeinbegriffe. Die sexistenzielle Impotenz dieses Buckels und schwachen Körpers bremste Hegels Vernunft wie bei Marx das Materielle. Das Materialistische bei Kierkegaard ist sein kranker, impotenter Körper. Die von antiken Zitaten gesättigte Sprache *Schopenhauers* übersetzt Kants Schulchinesisch ins Deutsche, und siehe da, das Ding an sich ist Libido, Freuds „Es" ist raumzeitlos und akausal. Die stoischen „Aphorismen zur Lebensweisheit" empfehlen weder Suizid noch Askese, sondern Ehe- und Kinderlosigkeit eines privatgelehrten Hagestolzes, der lieber noch „buddhistischer Paranoiker" als Christ sein möchte.

Der an den französischen Moralisten geschulte aphoristische Antichrist *Nietzsche* war selbst so, wie er Jesus sah, und wollte doch das genaue Gegenteil dieses vermeintlichen décadent sein, dieser pazifistisch weltängstlichen Mimose. Nietzsche kultivierte sein Ressentiment gegen die vermeintlich alttestamentarischen Ressentiments. Die schlagenden dialektischen Volten und die rhetorisch antithetische Brillanz des jungen *Marx* bis 1848 wiegen die „ökonomische Scheiße" des „Kapital" auf. Sein Geschichtsmaterialismus ist das Vermächtnis des Bürgertums ans Proletariat. „Kommunistisches Manifest", „Deutsche Ideologie" und „18. Brumaire" sind seine Höhepunkte. Die Frage nach dem materiellen Interesse gehört zu jedem Proletarismus der Zukunft ebenso wie. die Frage nach der proletaristischen Philosophie der sozialen Revolution. Der Proletarier muss wie *Weitling* die Theorie der Revolution selbst entwickeln. Ernst *Blochs* Hoffnung auf die Magna Mater ist nur ein Rohmaterial für eine Psychoanalyse seines Denkens. Aber der Esperantismus seiner Exodus-Philosophie ist in Schutz zu nehmen vor der materialistischen Verstopfung. Bloch und Adorno waren die größten Systematiker des Antisystematischen. *Jaspers* entwickelte die existenzprofessorale Psychiatrie einer moribunden Existenz à la Kierkegaard. Seine Bronchiektasie und Kierkegaards Buckel verbanden sich zur „Existenzphilosophie" gegen alle bloße Weltvernunft der gesunden Allgemeinheit. Jaspers war der Philosoph der westlichen Demokratie gegen alle Sozialismen. Er professionalisierte Kierkegaards Grenzsituationen nur ebenso, wie Adorno das mit Benjamins Epiphanien machte. Existenzphilosophie wird anti(s)existenziell in Deutschland. Die cartesianische Eleganz des französischen Existenzialismus von *Sartre* und der ethnologische Familiarismus von Strukturalist *Lévy-Strauss* müssten koalieren. *Adornos* beispiellose dialektische Reflexivität und angriffslustige Differenziertheit ermuntern den Weg vom individualistischen Intellektuellen zum genuin proletarischen Philosophen gegen die großen Massen und ihr Allgemeinwohl. Aber lieber gleich *Benjamin* lesen, als ihn von Adorno auf den Begriff bringen zu lassen? Der kräftige polemische Realismus von *Hannah Arendt* verteidigt wohltuend die Amerikanische gegen die Französische und die Russische Revolution, die wohl nur Reichspolitik war.

Hegel aber war der geistreichste unter denen, die alles andere als geistreich sein wollten. Die Gedanken Hegels in der Sprache des Katholiken *Chesterton* wären das Wahre. Hegel war „Rameaus Neffe" in der Philosophie; bei Marx wird er es wenigstens. Sich eine Grenze setzen heißt auch schon, sie überschritten zu haben. Die dialektische Ur-Triade ist die Familie aus Vater, Mutter und Kind. Menschwerdung heißt Vertreibung aus dem Paradies der Tiere. Nach Sartre hat jeder einzelne Arbeiter etwas aus dem zu machen, was die Allgemeinheit aus ihm gemacht hat, er hat sich selbst in seinem Wesen zu erfinden und ist nicht mehr als der Ausweg aus einer sozialen Falle. Bei Hedwig *Conrad-Martius* (1888-1966) ist nicht erst ein jeder Mensch, sondern schon jedes Naturding eine Resultante aus zwei Urkräften : „Selbstenthebungspotenz" hinaus ans Licht der Welt und der Vernunft auf der einen Seite und andererseits „zentripetale Selbstversenkungspotenz" zurück in die eigene Schwere. Der proletarische Philosoph Jakob *Böhme* war kinderreicher Christ und lehrte die Geburt des Menschen aus dem Geiste Gottes und der Natur. Geist ist immanenter Widerspruchsgeist, das schöpferische Nein im Sein selbst : Der Mensch als ewiges No! auf zwei Beinen.

„Dies ist der wesentliche Inhalt der Reformation : der Mensch ist durch sich selbst bestimmt, frei zu sein." (*Hegel* : „Vorlesungen über die Philosophie der Geschichte", Stuttgart 1961, S. 559) „In Deutschland war die Aufklärung auf Seiten der Theologie, in Frankreich nahm sie sogleich eine Richtung gegen die Kirche. In Deutschland war in Ansehung der Wirklichkeit schon alles durch die Reformation gebessert worden." (a.a.O., S. 590) Aber die Welt vereinigte sich, „den preußischen Staat als Schutz der protestantischen Kirche zu unterdrücken." (a.a.O., S. 583). „Die Übersetzung, welche Luther von der Bibel gemacht hat, ist von unschätzbarem Werte für das deutsche Volk gewesen" (a.a.O., S. 560), und diese Übersetzung hat den Deutschen nahegelegt, selbst das einzige auserwählte Volk sein zu wollen. Die Grande Révolution von 1789 war für Hegel eine Übersetzung der deutschen Reformation und nicht der amerikanischen Revolution ins Französische gewesen.

Die deutsche Philosophie verstand sich im Wesentlichen als Metaphysik der deutschen Reformation. Leibniz, Kant, Fichte, Schelling, Hegel, Marx und Nietzsche stehen auf den Schultern Luthers, der auf den Schultern Augustins und des heiligen Paulus steht. Was an der Philosophie von Kant bis Nietzsche bedenkenswert war, war eine Abstraktion aus der Bibel; was daran fragwürdig war, ist typisch deutsch. Die deutschen Philosophen fanden Weltgeltung nur durch Plünderung der biblischen Schriften hindurch. Ob das Alte Testament in der deutschen Philosophie jemals wirklich gut 'aufgehoben' war, um mit Hegel zu sprechen, ist die Frage. Nie wurde die Frage auch nur gestellt, ob nicht umgekehrt die deutsche Philosophie besser aufgehoben wäre im AT, aus dem sie durch Abstraktion von allen konkreten Grundlagen entstanden war. Hegel hatte verzweifelt versucht, dem kantischen Formalismus allen konkreten Realismus und empirischen Boden wiederzubeschaffen, den er im alttestamentarischen Ursprung noch gehabt hat. Die göttliche Transzendenz hatte in pietistischer Introspektion eine transzendentale Vertiefung erfahren und dabei die Welt verloren, welche Hegel ihr durch dialektische Windungen kaum so ganz wiederanschaffen konnte. Von dieser Anstrengung des Begriffs, die körperliche Wirklichkeit einzuholen, auf sich zurückzuführen und aus sich zu entlassen, ist Hegels Werk gezeichnet und weist doch den Ursprung im AT weit von sich. Dieses Werk will die christliche Religion ins Denken aufheben, eine Religion, in der das AT gut aufgehoben sein soll. Genauer : Ins Denken aufgehoben wird die protestantische Religion, welche die katholische Religion aufhebt, die den Alten Bund aufhebt.

Der hohe Abstraktionsgrad und der Anschein universeller Allgemeingültigkeit in der deutschen Philosophie verdankt sich der Anstrengung, ihre überaus konkreten Quellen zu kaschieren, zu verleugnen und zu verdrängen.

Kants kategorischer Imperativ, was ist er anderes als eine logische Generalisierung der alttestamentarisch „Goldenen Regel"? Kants autonomes Sittengesetz ist das Gesetz Gottes auf gut Deutsch oder die universelle Fassung des Gottesgesetzes auf Deutsch. Am Ende bietet es eher die abstrakte Verallgemeinerung der deutschen Verhältnisse als der ursprünglichen Lebenszusammenhänge. Unter spezifisch preußendeutschen Bedingungen konnte der moralische Rigorismus der kantischen Pflichtethik nur unmoralische Wirkungen entfalten, die der angestammten Intention gerade strikt zuwiderliefen.

Wäre es nicht sinnvoller, lieber gleich das lichte Original zu studieren, statt es mühselig zu rekonstruieren aus seinen philosophischen Verdrehungen? Die Abstraktionen sind transparent zu machen auf die konkrete Realität hin, von der sie abgezogen sind und deren rationale Weiterentwicklung sie sein wollen. Deutsche Philosophie lebt von der biblischen Substanz, die sie verleugnet und in lutherdeutscher Zerrform noch gerade als Rohmaterial gelten lässt. Sie schlachtete von Anfang an die überlieferten biblischen Schriften kräftig aus, nahm sich, was sie für spezifisch universaldeutsche Belange brauchen konnte und warf den traurigen Rest in den Lethe.

Ihre wirkmächtige Gestalt war nichts als eine einzige Kaschierung dieser parasitären Herkunft. Motive der griechischen Antike konnten mitverarbeitet werden, soweit bereits die christliche Religion in ihrer trinitarischen Dialektik den AT-Monotheismus wie den griechischen Polytheismus enthielt. Der dialektische Dreischritt Hegels und die christliche Dreifaltigkeit beißen sich ja nicht gerade wie Hund und Katze. Die Geburt der deutschen Philosophie aus dem Geiste des biblischen Gottes ist prinzipiell ebenso offenkundig wie im Detail schwer zu rekonstruieren, weil die zugrundeliegende Fälschung des Originals ziemlich raffiniert gemacht ist.

Wenn Luther das Buch der Bücher in ein deutsches Zauberbuch übersetzt hat, dann haben deutsche Denker von Leibniz bis Jaspers das biblische Gesetz ins Deutsche übersetzt und die messianische Zeit der Weltgeschichte in Landesgeschichtlichkeit, in der nichts geschieht.

Die christliche Transformation des AT wurde noch einmal philosophisch transformiert und das handfeste Original bis zur Kenntlichkeit unkenntlich gemacht. Bei der Übersetzung erst ins Deutsche und dann in deutsche Philosophie hat die Bibel ihren Geist aufgegeben und manchen Ungeist angenommen. Die Germanen wurden christianisiert, aber mehr noch wurde dabei das Christentum eine typische Landesmythologie. Deutsche wurden nicht Christen, aber Christus wurde Deutscher. Denker haben aus der Bibel abgeschrieben und dieses Plagiat verschleiert. Das wahre Sein hinter dem idealistischen Schein ist der biblische Gott, und er ist hinter dieser bloßen Scheinwelt gut verborgen in einer Staatsmetaphysik : Niemand ahnt ihn dort. Diese Denkerei ist ein sorgfältig getarnter Raubdruck uralter heiliger Schriften, und was die Hochglanzkopie vom unscheinbaren Original trennt, ist wenig mehr als die terminologische Chiffrierung eines Vervielfältigungsprozesses. Die philosophische Travestie der reformatorischen Travestie des Erzmonotheismus wurde vorgenommen im klassischen Idealismus. Im Übrigen wurde die Bibel der Kirche vorgezogen, aber nie das Alte dem Neuen Testament. Der deutsche Idealismus entstellte das christliche Evangelium und wollte seinen vernünftigen Kern ebenso vor der historischen Hinfälligkeit retten, wie das NT es mit dem AT gemacht haben wollte. Die Vernunft der Offenbarung offenbarte sich als Offenbarung offenkundiger Vernunft.

In maskierter Form spricht deutsche Philosophie thematisch von dem Akt, dem sie ihre eigene Existenz verdankt. Schelling erinnerte daran, dass Dichter und Denker nur das bewusst tun, was jeder gewöhnliche Sterbliche unbewusst tue : die Welt in die Welt zu setzen. Schöpfer seines Universums zu sein und über dem Produkt den Produzenten zu vergessen, sei Menschenlos. Die realempirische Grundlage des klassischen Idealismus ist aber nicht das, was der Marxismus an Rohstofflichkeit und materiellem Interesse wieder zutage fördert, sondern die Erinnerung an den materiellen Hintergrund der Ideologien ist eine selber ideologische Form, wieder an das verdrängte Fundament der idealisierten Ideologien zu erinnern. Der „schmutzige Materialismus" von Marx ist eine Zerrform der Erinnerung an die verdrängten Quellen der großen deutschen Philosophie, dieser Frucht vom biblischen Baum der Erkenntnis und dieser dreifachen Leugnung, je von diesem Baum gegessen zu haben. Als Marx die Idealisten an die verleugneten materiellen Interessen erinnerte, erinnerte er, ohne es zu wahrhaben zu wollen, die deutsche Philosophie an ihre verschwiegenen biblischen Wurzeln : Das materialistische Motiv ist dialektisch so sehr Ideologie wie das idealistische, und doch ist Idealismus mehr als Ideologie.

Andere Länder, andere Sitten : Das abstrakte Sittengesetz wird mit Leben erfüllt durch Landessitten und -gebräuche. Wenn die Pflicht zur Neigung wird, wird die Vorliebe zur Pflichtübung. Die autonome Sittengesetzgebung führte in deutscher Umgebung nicht zur parlamentarischen Legislative, sondern nur zur verdammten Pflicht und Schuldigkeit gegen den inneren Schweinehund. Nun war die Religion die Philosophie des Volksgeistes und vor dem gemeinen Volk in Sicherheit gebracht, während die Philosophie eine Religion der Elite blieb. Deutsche Metaphysik war das, was an Destillat übrigblieb, nachdem die Religion dem Volk unverständlich gemacht worden war. Wer erkennt in Kants Sittengesetz noch die Goldene Regel der Schule Hillels wieder, aber wer hätte dieser Goldenen Regel je angesehen, Willkür und Kadavergehorsam einmal zur Pflichterfüllung zu machen? Wer sieht dem rigorosen Formalismus der kantischen Pflichtethik noch an, eine rigorose Abstraktion vom „Zeremonialformalismus" des Gottesgesetzes zu sein? Wenn Bauernfeind Luther die Septuaginta ins Deutsche übersetzt hat, hat Hegel die Lutherbibel in die Metaphysik des deutschen Volksgeistes übersetzt.

Wenn deutsche Denker die spekulative Philosophie in den Rang einer systematischen Wissenschaft erheben wollten, dann auch deshalb, weil das AT im Gegensatz zum NT ein Wissen und kein Glaube sein will, eine Problemlösung und keine Welterlösung. Die vornehmlich protestantische Form des christlichen Glaubens sollte verwissenschaftlicht werden, also den Status erhalten, welcher dem AT von vornherein weniger widerstreitet als entspricht. Marx wollte den rationellen Kern aus der mystischen Hülle befreien, und nichts anderes hatte schon Hegel gewollt. Beide vergaßen, dass das AT selbst bereits jene rationale Entmythologisierung darstellte, welche erst die Religionsphilosophie und die Religionskritik bringen wollte. Der dialektische Idealismus und Materialismus verpacken in mystischer Hülle genau jenen ebenso vernünftigen wie realistischen Kern, den sie daraus befreien wollen. Für Hegel vermittelte die Religion dem Volk nur das in bloßen Bildern und Gefühlen, was der Elite die Philosophie in klaren Begriffen und Gedanken liefert.

Dass dieser Fortschritt von der Vorstellung zum Begriff, vom Mythos zur Theorie, vom Gefühl zum Gedanken bereits der innerste Zug nicht erst der Philosophie ist, sondern schon des AT selbst, das weder Theologie noch Kirche oder Schulweisheit zu ihrer Stützung bedarf, wird von Philosophen zumeist verschwiegen.

Erst wollte die Philosophie ein Wissen werden und dann eine Wissenschaft. Als die Wissenschaften ihr davonliefen, wurde sie Philosophie der Wissenschaft, ohne aufzuhören, selbst eine Wissenschaft bleiben zu wollen. Die Königin der Wissenschaften wurde Wissenschaft der Wissenschaften, und heute ist sie nur noch eine Kunst oder Ideologie. Oft kehrt sie zu den Ursprungsmythen zurück, aus denen sie geschichtlich entstand, wenn die industriellen Folgeschäden der Naturwissenschaften zu drückend werden und sie nicht dafür mithaften möchte. Seit das Wissenschaftsideal in der mathematischen Naturwissenschaft verortet wird, braucht diese ein gutes philosophisches Gewissen, das Kant ihr verschaffte. Es sei nur so viel Wissen an einer Wissenschaft, wie Mathematik in ihr anzutreffen sei, und das ist nur eine andere Fassung der kantischen Vernunftkritik, dass an einer Wissenschaft nur so viel wahre Erkenntnis stecke, wie sinnliche Erfahrung in ihr anzutreffen sei. Mathematik ist für Kant mit der transzendentalen Ästhetik der reinen Anschauungsformen verbunden, nicht mit der formalen Logik. Der innere Sinn der Zeit leiste den 'Schematismus der reinen Verstandesbegriffe', also die Anwendung der

Allgemeinbegriffe auf die einzelnen Sinnesdaten. Die nebeneinanderliegenden Raumpunkte einer Kurve müssen nacheinander durchlaufen werden, um die Kurve damit zu zeichnen und zu fahren. Nach Leibniz kann jede Gestalt eines Dinges rekonstruiert werden aus einer potentiell unendlichen Summe von potentiell unendlich kleinen Teilchen, und Kants Kritizismus ist nur als Infinitesimalphilosophie so etwas wie Philosophie der mathematischen Naturwissenschaft. Bevor es empirisch angeschaut werden kann, wird das raumzeitliche 'Außereinander' mathematisch konstruiert aus unendlich vielen unendlich kleinen Teilen. Der spontane Verstand integriert, was die rezeptiven Sinne differenzieren und umgekehrt. Diese mathematische Teilung und Verbindung radikalisiert, überbietet und verkehrt in sein Gegenteil, was an ewiger Trennung und Vereinigung zwischen Menschen sinnvoll ist.

Religiöse Unendlichkeit pervertiert zur Abbildung mathematischer Unendlichkeit auf menschliche Verhältnisse, und die humane Substanz wird endlos zerstückelt, um aus den Kunstteilchen neue Kunstwelten zu synthetisieren. Im verblassten Hintergrund leuchtet das weiße Licht der einen Sonne über den vielen bunten Farben des Regenbogens, der den Bund zwischen Gott und Mensch dort veranschaulicht, wo Goethe und Schopenhauer nur die trüben Farben zwischen Licht und Finsternis sehen wollten. Das schöpferische Teilungsprinzip des Alls degeneriert zum produktiven Atomisierungsprinzip mit Reintegrationsbedarf. Auch jeder Zeitraum wird da natürlich simuliert durch eine unendliche Anzahl von zeitlosen Augenblicken.

Wenn der deutsche Idealismus Philosophie der Reformation und des Dreißigjährigen Krieges war, wenn sie revolutionär nur war, soweit sie protestantisch und antikatholisch war, dann auch darin, dass sie nicht Magd

74

der Theologie und Tochter der Mutter Kirche blieb, sondern mit Luther auf das AT explizit zurückging. Der protestantische Partikularismus und Separatismus verband sich mit mathematischem Differenzieren zu endloser Sektiererei, und der katholische Universalismus musste einen Ersatz finden in der Allgemeingültigkeit des Begriffs und später der gesellschaftlichen Allgemeinheit. Hegels Synthesis des Begriffs muss leisten, was weder Kirche noch Bundesvertrag mit Gott mehr zuwege bringen. Die dialektische „Aufhebung" des AT, von der das Christentum lebt, vollendet sich in der philosophischen Demythologisierung, aber wenn Rudolf *Bultmann* die Entmythologisierung des Christentums in existenzphilosophischen Begriffen Heideggers versucht, remythisiert er, was im antiken Raum längst lichte Klarheit geworden war. Deutsche Philosophie ist eine Geisteswaschanlage, die den vermeintlich schmutzigen Geist der Berechnung herauslöst, um die Tiefe der deutschen Gemythlichkeit übrigzubehalten. Dieses neue Systemdenken ist systematische Geschichtsfälschung, die das Abgeleitete zum Ursprung des Ursprungs machen will und den nachweislichen Ursprung zur billigen Kopie einer schlechten Kopie.

Anfang der Sechzigerjahre wurde am Neopositivismus und Ende der Sechzigerjahre wurde am Marxismus der Vorkriegszeit wiederangeknüpft. Die als rechts geltenden Philosophen sind keine geheimen Linksphilosophen gewesen, aber die heute als progressiv eingestuften Philosophen sind immer reaktionärer gewesen, als sie und ihre Schüler glauben machen wollen. Habermas und Sloterdijk machen Heidegger inzwischen schon zum Prototyp einer „anderen und neuen Linken", wo doch in Wirklichkeit ein so stoffverstopfter Stalinist wie Ernst Bloch der Prototyp einer neuen alternativen Rechten wurde. „Die Zerstörung der Vernunft", die *Lukacs* beklagte, begann nicht erst vor einem Jahrhundert mit Nietzsche, sondern schon vor mindestens zwei Jahrhunderten mit Philosophen, die Lukacs noch im Vollbesitz der Vernunft sah.

Schüler Heideggers wie etwa Karl Löwith, Herbert Marcuse und Werner Marx kamen von ihrem Lehrer auch nach 1945 nie wieder ganz frei. Was sie verband, war die Sehnsucht nach frühgriechischer Physis der Mutter Natur und nicht nach dem Vater im Himmel auf Erden. Einerseits kritisierte *Löwith* den „Denker in dürftiger Zeit", andererseits gestand er schon 1940 in dem Bericht „Mein Leben in Deutschland vor und nach 1933", dass er selbst zur antidemokratischen Rechten gezählt hatte. Herbert *Marcuse* favorisierte die nur „eindimensionalen Menschen" Narziss und Orpheus, die in ihrer 'Großen Weigerung' gegen die 'zeugende Sexualität' auf der Suche nach dem „Nirwanaprinzip" der primär-narzisstischen Mutter-Kind-Symbiose waren. Sozialismus : „Würde z.B. die Arbeit von einer Reaktivierung der prägenital polymorphen Erotik begleitet, so wäre sie an sich befriedigend, ohne den Werk-Inhalt zu verlieren." Kulturrevolution. „Der einzige mir bekannte Entwurf, der eine neue Grundlegung wagte, war derjenige Heideggers", schrieb *Werner Marx* noch im amerikanischen Exil. „Das Wichtigste aber lernte ich von Heidegger", schrieb Hans-Georg *Gadamer* : „Hier wurden die Gedankenbildungen der Tradition lebendig, weil sie als Antworten auf wirkliche Fragen verstanden wurden". 1940 hatte er ein Werk über Herder veröffentlicht: „So gewinnt durch ihn das Wort 'Volk' in Deutschland −... durch eine Welt geschieden von den politischen Schlagworten der 'Demokratie', eine neue Tiefe und eine neue Gewalt." In einem Gespräch: „Es ist sinnlos, etwa einem Forscher auf dem Gebiet der Erbgenetik wegen der drohenden Züchtung des Übermenschen in den Arm zu fallen." (1970)

Der Phänomenologe Ludwig Landgrebe war „so sehr von der Philosophie Heideggers eingenommen, dass ich Husserls Gedanken zunächst und noch lange nur noch im Lichte der kritischen Bemerkungen aufnahm, die Heidegger ihm in Anspielungen widmete." „Bei Heidegger habe ich gelernt, was Philosophieren heißt: sich der Sache des Denkens hingeben", schrieb Hintertreppen-philosoph Wilhelm *Weischedel,* der den „Gott der Philosophen" als „Vonwoher der Fraglichkeit von allem" verstand, obwohl ihm nie frag-würdig geworden zu sein scheint, dass Heidegger bis zuletzt sein philosophischer Abgott geblieben war.

„Heideggers Denken galt mir nach wie vor als der Orientierungspunkt aller meiner Interpretationen", schrieb der aus dem Pietismus stammende *Walter Schulz* (Jahrgang 1912), der unveränderte „Philosophie in einer veränderten Welt" trieb statt veränderte Philosophie in einer unveränderten Welt.

„Wenn ein Philosoph dieses Jahrhunderts mich tief beeindruckt hat, war es Heidegger", schrieb *Carl F. von Weizsäcker.* „Wir verdanken nur Heidegger, dass wir heute wieder wissen können, was Philosophie", gestand der protestantische Philosoph der „deutschen Bildungskatastrophe" von 1969 *Georg Picht*, Freund Adornos.

„Der stärkste systematische Einfluss ging vom frühen Heidegger aus", bekannte Jürgen Habermas, der stets gegen Heidegger dachte, aber eben mit Heidegger. Auf den rechten Staatsrechtslehrer Carl Schmitt „geht die Redeweise von einer 'politischen Theologie' zurück, die in den sechziger Jahren von den Marx-Theologen katholischer und evangelischer Konfession begeistert aufgegriffen wurde", wusste der Exilant *Helmut Kuhn.*

77

Die „Authoritarian Personality" gehört zu des Kaisers neuen Kleidern. „Sonderbar, Väter werden fast immer vergessen." (*Fontane*, „Die Poggenpuhls") Wer heute Revolution als Aufhebung des Über-Ich versteht, will den Vatermord, weil er heim ins Reich der Mütter will, aus dem er kommt. Wenn Freud von kulturell notwendigem Triebverzicht sprach, meinte er den Mutterinzest- und Vatermordtrieb, gegen den nur das väterliche „Über-Ich" schütze. Wer heim ins „Es" will, muss Freud als Patriarchen anfeinden. Das Gewissen sei das Schandmal der unfreien Gesellschaft, sagte der liberale Adorno zusammen mit seinen Intimgegnern.

„Nicht nach der Kategorie der Ursache, sondern nach der Kategorie des Vaters bildet sich also die Freiheit und vollzieht sich die Zeit ... Die Vaterschaft ist das Verhältnis zu einem Fremden, der, obwohl er der andere ist, Ich ist; das Verhältnis zu einem Ich-selbst, der mir dennoch fremd ist. Denn der Sohn ist nicht einfach mein Werk wie ein Gedicht oder ein fabrizierter Gegenstand; er ist auch nicht mein Eigentum ... ein Transzendieren, das selbst den kühnsten existenzialistischen Analysen entgeht ... Ich bin in gewisser Weise mein Kind. Nur haben die Worte ,Ich bin' hier eine von der eleatischen oder platonischen verschiedene Bedeutung...", schrieb Phänomenologe Emmanuel *Lévinas* 1947 in „Die Zeit und der Andere" (Hamburg 1984, S. 62). Schöpferische Fruchtbarkeit ist nicht Arbeitsproduktivität, Eros „ist weder ein Kampf noch ein Verschmelzen noch ein Erkennen ... Er ist ein Verhältnis zur Andersheit des anderen, zum Geheimnis, d.h. zur Zukunft ..."

Bei Marx sollte aus der ökonomischen Verelendung die psychologische Empörung der Kommenden kommen, und heute kommt aus der psychischen Verelendung die ökologische Empörung der Vorgestrigen. Allerdings müsste Hegel vom Kopf auf die Füße gestellt werden, aber nicht, weil er dem Heiligen Geist gab, was der Materie ist, sondern weil er Luther gab, was dem AT gebührt. Das Naturgesetz wurde zum 'Material' preußischer Pflichterfüllung. Fichtes Idealismus und Schopenhauers Buddhismus waren tatsächlich eher antimonotheistisch als Nietzsches irrationaler Machtwille. Kant hat nur nicht nach dem Gesetz gelebt, das er sich selbst gegeben hat : Kinderlosigkeit widerspricht sich durch Verallgemeinerung. Kant wollte nicht wie Plato Könige zu Philosophen und Philosophen zu Königen machen, sondern Herrscher sollten Denker reden und Denker sollten Herrscher regieren lassen. Seit Geist nur noch sublimierter Machtwille ist, ist Macht geistig gerechtfertigt, erkannte Adorno. Macht sei Macht des Geistes geworden und Geist nur noch Geist der Macht, aber Geist habe Macht über den eigenen Machtwillen zu sein, denn Macht sei unreflektierter Geist. Ob nun Adorno Differenzierungsbedarf und Habermas Integrationsbedarf sah, an BRD-Nachkriegsphilosophen fällt auf, wie antipatriarchalisch und antiproletarisch zugleich ihr professionelles Denken ausfällt.

Die „kommunikative" gegen „zweckrational instrumentelle Vernunft" ausspielen heißt, Bürger gegen Arbeiter auszuspielen. Reaktionäre machen heute aus der Not, dass nicht die kapitalistischen, sondern die sozialistischen Produktionsverhältnisse die „Entfesselung der Produktivkräfte" behindern, die „grünalternative" Tugend, dass die ökologische Fesselung nicht nur der ökonomischen, sondern aller menschlichen Kräfte den wahren Fortschritt bringe. Aber was industriell ineffizient ist, ist deshalb noch nicht ökologisch sinnvoll, wie die Ostblockstaaten zeigten. Nach Rosa Luxemburg hat es das von Marx beschriebene Proletariat so gar nicht gegeben, und das real existierende hat er nicht gekannt, sondern z.B. Wilhelm Weitling verdrängt. Marx ging aus der Hegelschen Linken hervor, aber kein deutscher Philosoph geht aus der alttestamentarischen Linken hervor. Die Verbrechen, um endlich alle Verbrechen zu beenden, werden von Marx gerechtfertigt im Namen des Volkes und vom Ewigen verurteilt im Namen des Gesetzes. Man schlägt den Gläubiger und meint den Gläubigen.

Der biblische Monotheismus des Einen Herrn im Himmel über allen Herren der polytheistischen Welt ist selbst jene Revolutionstheorie, die gewöhnlich gegen ihn aufgeboten wird. Das Buch der Bücher ist selbst die Aufklärung, von der es demythologisiert zu werden pflegt. Nach Hegel sagt ja der Idealismus den Gebildeten in Gedanken dasselbe, was der Protestantismus dem Volk in Gefühlen sagt, und das wäre für den Monotheismus überhaupt zu entwickeln. Reaktionäre Philosophen halten die sozialistische Frage für erledigt, um auch die soziale Frage abhaken zu dürfen, aber wahre Linke halten die sozialistische Frage für beantwortet, um die soziale Frage endlich stellen zu dürfen. Was am Marxismus des 19. Jahrhunderts proletarisch war, kommt aus alten heiligen Schriften, und was daran bürgerliches Erbe war, ist schon jüngste Geschichte. Das Beste an der Bibel war einmal marxistisch gut 'aufgehoben', nun ist das Beste von Marx wieder am besten aufgehoben im AT.

Bei aller prätendierten Voraussetzungslosigkeit stellten die griechischen Philosophen die Sklaverei, von der sie lebten, nie in Frage. Die gräkophilen deutschen Philosophen fanden es immer skandalös, dass das Gottesgesetz die Bevölkerungspolitik durch legale Aborte verbot, nicht aber die Kriege und Arbeitssklaverei, sondern nur auf ein die ganze Antike bestürzendes Maß einschränkte. Wenn Deutsche den Krieg abschaffen wollten, wollten sie nur die ultima ratio gegen die Tyrannei aufheben und nicht sehen, dass das AT so realistisch war, die völlig utopische Aufhebung der Arbeitssklaverei nicht den Menschen aufzubürden, sondern dem Himmel vorzubehalten.

Die technisch-industrielle Revolution ist keine historische Chance der Sklaven, sondern ein historisches Intermezzo, das sich solange nicht selbst überleben wird, wie Arbeitssklaven sich von ihr noch Selbstbefreiungsmittel erhoffen. Nach dem Gesetz Gottes wird das Gesetz samt Kriegen und Arbeitssklaverei erst vom HErrn selbst aufgehoben. Revolution gegen das göttliche Gesetz, also gegen die vom Produzenten selbst gelieferte Gebrauchsanleitung der Schöpfung, ist keine Aufklärung, sondern reaktionär. Die feudalgriechischen Philosophen lebten von Sklaven und warfen den Sophisten vor, *von* ihrem eigenen Denken zu leben statt *für* das Denken.

Von den sophistischen Wanderlehrern unterschieden sie sich nicht durch Verstand, sondern durch Wohlstand und − dadurch, dass niemand ihre Waren kaufen wollte. Die europäische Philosophie ist der Weg von Adel zu Adel, von den griechischen Sklavenhaltern zu professionellen Denkbeamten, die das Universale an Universitäten verwalten. Die Sophisten, die einzigen griechischen Demokraten, machten das Volk ja erst demokratiefähig. Sie zeigten nicht nur, wie das schwächere Argument vor Gericht zum stärkeren gemacht wird, sondern auch das Argument des Schwächeren gegen das Argument des Stärkeren verteidigt wird. Aristokrat Plato schlug die Sophistik und meinte die Demokratie, die Sophisten schlugen die Philosophie und meinten den Sklavenfeudalismus. Philosophie heute ist tendenziell Letztselbstbegründung nicht jedes menschlichen Denkens, sondern des Denkens von Staatsbeamten, die nur ihre Privilegien geistig rechtfertigen und eigentlich gar nicht auf subventionierte Hochschulen gehören.

Das *Volk des Buches* galt von alters her als das eminent philosophische Volk schlechthin. Die Schriftgelehrten waren noch den griechischen Sophisten überlegen, die den griechischen Philosophen überlegen waren, denn sie lebten für die heiligen Schriften und nicht für ihr Handwerk, sondern von ihrem Handwerk und nicht von der Schrift. Nicht erst seit der Aufklärung, sondern schon seit der Renaissance wurde das alttestamentarische Wissen zusammen mit dem christlichen Kirchenglauben ungeprüft ausgeschüttet, wo doch das *Buch der Bücher*, das über die Aufklärer aufklärt, in Wirklichkeit selbst das *Buch der Natur* ist, das von ihm befreien soll.

„Doch das Volk wollte nicht auf Samuel hören. Alle riefen : „Nein, wir wollen einen König! Es soll bei uns genauso sein wie bei den anderen Völkern! Ein König soll uns Recht sprechen und uns im Krieg anführen!" Samuel berichtete alles dem Herrn. Der Herr antwortete ihm : Gib nach und setze einen König über sie ein! Und Gott sagte zu Samuel : „Ich soll nicht länger ihr König sein! Aber sage ihnen zuvor in aller Deutlichkeit, was ein König für Rechte hat und was er mit ihnen tun kann." (1. Samuel 8, 6-22)

Welcher deutsche Philosoph hat die religiösen Wurzeln der Sozialrevolution und die revolutionären Wurzeln der Religion bedacht? Denker kamen vom Rockzipfel ihrer philosophischen Mutterbilder nie ganz los. Der junge Habermas war vom „Heideggermarxismus" des jungen H. Marcuse beeinflusst, und der alte Habermas kommuniziert wieder mit Heidegger, der nur mit seinem „Seyn" kommunizierte. Herbert Marcuse schrieb 1974 : Der von Heidegger beeinflusste „Sartre ist immer mein Überich gewesen", obwohl oder weil Sartre nach eigenem Bekunden gar kein Über-Ich hatte − außer der Beauvoir. Noch Heideggerschüler Löwiths Heideggerkritik kam über Heidegger kaum hinaus, enthielt doch sein tragender griechischer Naturkosmos nicht weniger antipatriarchalische Mutterbilder als wie

Heideggers frühgriechische „Physis". Viele deutsche Philosophen waren entlaufene Christen, die schon mit einem Bein im „Reich Gottes" auf Erden zu stehen und auch das Gesetz Gottes nicht mehr nötig zu haben glaubten, sobald sie die vielen katholischen Verbote abgelehnt hatten.

So sehr Hegels Systemdenken durch Adornos Aphorismen, so sehr Nietzsches aphoristischer Machtwille durch Heideggers „Wille zum Nicht-Wollen" und Heideggers Physis-Philosophie durch Adornos „Eingedenken der Natur" kritisiert und bestätigt wird zugleich, einig sind sich alle gegen den alttestamentarischen Geist von Kants praktischer Vernunft. (*Carl Schmitt* sah das sehr deutlich.) Sie alle wollen den abstraktformalen Imperativ konkreter haben, und am Ende erlegt ihre Philosophie nicht anders als die katholische Kirche dem Menschen ungleich mehr Einschränkungen auf als der gute alte lakonische Dekalog.

Der „Metaphorologe" Hans Blumenberg gilt vielen als größter deutscher Philosoph. Für die „Weltzeit" ist aber vor allem die „Lebenszeit" derer zu kurz, die eine zu lange Arbeitszeit haben und immer wieder bei Adam und Eva anfangen müssen, weil sie jede Überlieferung abreißen lassen. Mit den alten biblischen Schriften wäre jede kurze Lebenszeit Weltzeit. Die mystifizierende Arbeit am polytheistischen Mythos ist eher Antimonotheismus wie bei Odo Marquard.

Le Man, Derrida, Foucault, Lyotard, Delors, Baudrillard, Lacan, Deleuze ... : „Mir scheint, hier saugen die jüngeren Deutschen begierig, unter dem Vorgeben der Öffnung ins Französisch-Internationale, ihre eigene ... unterbrochene irrationalistische Tradition wieder ein" (*Manfred Frank* : „Philosophie heute und jetzt", Frankfurter Rundschau vom 5.3.1988).

Die französische Linke rechnete mit dem Sozialismus schon vor seinem Zusammenbruch ab, die deutsche nicht einmal danach. Nicht nur ein Rudolf Augstein konnte mit dem Befund Bourdieus leben, Heidegger sei wie Ernst Jünger und Carl Schmitt ein „konservativer Nationalrevolutionär" gewesen, der sich stets als Gegenteil von dem sah, was über ihn gesagt werde.

Deutsche Philosophen mussten erst aus Paris hören, was Guido *Schneebergers* „Nachlese zu Heidegger" ihnen schon vor Jahrzehnten, als Heidegger-Schüler alle Lehrstühle besetzt hielten, dokumentarisch reich belegt in aller wünschenswerten Deutlichkeit seit 1960 vergeblich zu sagen versucht hatte wie vorher schon der Journalist Paul *Hühnerfeld* „In Sachen Heidegger".

Wenn man in Europa schon etymologisch philosophieren will, dann bitte nicht immer erst auf Altgriechisch. Das „nichtseiende Seyn" enthüllte sich nicht erst frühgriechisch um 500 v. Chr. bei Parmenides, sondern schon einige Jahrhunderte früher, aber davon wollen entlaufene Katholiken wie Heidegger und Augstein natürlich nichts wissen. Wenn Hans *Mayer* die stalinistischen Irrtümer Blochs mit dessen unpolitischem Wesen ungestraft erklären dürfte, dann wäre auch Heidegger rehabilitiert. Aber politische Fehler eines Philosophen sind philosophische Fehler eines Politikers. Auch sein Gegenspieler Adorno ist heute missbrauchbar, weil er individuelle Selbstbestimmung *gegen* Vernunftautonomie und nicht *als* Vernunftautonomie bestimmte, sondern als schnöde Naturbeherrschung denunzierte. Sein Meisterschüler Habermas entdeckt „den wohl tiefsten Einschnitt in der deutschen Philosophie nach Hegel" ausgerechnet bei Heidegger, der die Vernunft die „hartnäckigste Widersacherin des Denkens" genannt hatte, und will dessen

„argumentative Substanz" retten vor dem „weltanschaulichen Kontext", in dem sie aber ja nun einmal steht. Habermas wollte die „kritische Aneignung dieses weltanschaulich definierten Denkens", in dem er „einen entscheidenden argumentativen Schritt zur Überwindung des bewusstseinsphilosophischen Ansatzes" sah, den er durch bewusstlose Kommunikation mit Heidegger ersetzen will, der bis zur Bewusstlosigkeit mit seinem „Seyn" kommunizierte. − Wer entdeckt, dass Heidegger etwas mehr war als ein bloßer Totalitarist, entdeckt vielleicht nur, dass er selbst etwas weniger ist als ein einfacher Individualist oder nur Autist.

Jaspers nannte 1945 in seinem Gutachten Heideggers Denkart „ihrem Wesen nach unfrei, diktatorisch, communikationslos." Ein Habermas lehnte „diese rigorose Auffassung der Einheit von Werk und Person" ab: „Heideggers Werk hat sich längst von seiner Person gelöst", das ist wahr, und andere Personen infiziert, von denen man es nie gedacht hätte. Keine Philosophie ist seit Platon ganz ohne Politik und umgekehrt. Das Subjekt und ‚Ich' Kants konstituiert kategorial die Welt der bloßen Erscheinungen und ist gleichzeitig frei vom Ganzen der Erscheinungen, zu denen es empirisch doch gehört. So wird das Ich im „internen Realismus" von Hilary *Putnam* a posteriori von Gegenständen bestimmt, über deren Gegenständlichkeit es selber a priori vorweg immer schon bestimmt hat. Nach Kants Idealismus ist die Selbstgesetzgebung des 'intelligiblen Ich', was Marx auch sagen mag, durch das 'materielle Begehrungsvermögen' *nicht* determiniert. Von Kants Einsicht, dass Ich zwar auch ein Naturwesen, aber kein 'Gegenstand möglicher Erfahrung', sondern ein 'Ding an sich' und freier Wille sei, gingen Existenz. philosophen aus, als ließe sich überhaupt denken ohne die Idee, dass Gott eine 'regulative Idee' wissenschaftlicher Arbeitshypothesen sei, wie noch Kant erkannte.

Das Scharnier zwischen theoretischer und praktischer Vernunft bei Kant ist die dritte 'kosmologische Antinomie der transzendentalen Dialektik' über die Koexistenz von Willensfreiheit und Naturnotwendigkeit, über das freie Ding an sich und die determinierte Erscheinungswelt. Das 'Ding an sich' enthüllt sich als ebenso widersprüchliche wie unerkennbare Idee von intelligiblem Ich, Gott und Welt. Der nachfolgende deutsche Idealismus hat nicht nur die 'Selbstgesetzgebung der Vernunft' christlich verinnerlicht, sondern so wenig wie das Christentum am strengen Monotheismus festgehalten. Schelling und Hegel haben Gott und Mensch, den einen Schöpfer und die vielfältige Schöpfung, die mannigfaltigen Objekte und ihren einen Inbegriff, blasphemisch vermischt zur dialektischen Trinität von ansichseiendem Vater, fürsichseiendem Sohn und anundfürsichseiendem Geist. Was sie Geist nannten, war die vorzeitliche Vermählung von Göttern und Menschen aus Genesis 6, 4.

Geistreich war Hegel stets beim Übergang nicht von der Antithese zur Synthese, sondern von der Synthese zur neuen These. Wenn der Geist der „Phänomenologie" (1807) ein bloßer Schädelknochen ist, dann ist ein Knochen ebenso geistreich geworden, wie „das Organ der Zeugung das Organ des Pissens" ist, und die christliche Fleischwerdung Gottes gehe hervor aus der komischen Ironie des aristophanischen Komödianten : Jesus sei Gott in Wirklichkeit ebenso, wie in der erhabenen Maske des Tragöden nur der gewöhnliche Sterbliche stecke.

Für Kant war die goldene Regel ein unableitbares „Faktum der Vernunft". Die Freiheit von allen Fakten habe eine eigene Faktizität, das menschliche Schicksal sei die Befreiung vom Schicksal und war bei Fichte eine zur zweiten Natur gewordene menschliche Freiheit von der Natur, das „unvernünftige Dass der Vernunft" bei Schelling, in dessen „natura naturans" die wirre alte Mutter

Natur steckte. Heidegger machte sich zum Menschenkind dieser Mutter, und Adorno bearbeitete nicht mehr die Natur, sondern die zur zweiten Natur gewordene Naturbeherrschung selbst. Seit Kant wird die Metaphysik totgesagt, weil sie vom Transzendentalen gar nicht ohne die Transzendenz spricht. Kant hat den 'Schulbegriff der Philosophie' zu Ende gedacht und nicht mehr überschritten. Wo er endet, beginnt das AT deren ‚Weltbegriff‘, den Übergang von der vernünftigen Apriorität zur empirischen Realität, die Philosophie des Übergangs von der Philosophie zur Welt und zurück.

Als deutscher Protestant und „Metaphysiker der Sitten" war Kant zugleich der authentische deutsche Philosoph des AT. Gottlieb Fichte ging von Kants intelligiblem Ich aus und endete bei mystischer Einheit von Gott und Landes-Christus. Wo die reine Einbildungskraft zur Vernunft verklärt wurde, geriet der Alte Bund zunehmend in philosophische Schusslinie. „Statt der Unsterblichkeit lehrt das Alte Testament Heimsuchung der Missethaten an den Kindern." „Möge jedes Volk, das sich einen Gott hält, der ihnen Länder der Verheißung zeigt, seinen Nebukadnezar finden!" *(Schopenhauer)*

Den Zusammenhang von Kants Vernunftgesetz mit dem biblischen Dekalog hat *Schopenhauer* in seiner abgelehnten Preisschrift „Über die Grundlage der Moral" 1840 ausdrücklich betont. Die Gründe, aus denen er das „Mitleid mit der Kreatur" der bloßen Achtung vor dem Vernunftgesetz Kants vorzog, waren die gleichen, aus denen der ewige Junggeselle den indischen Buddhismus dem biblischen Monotheismus vorzog. Schopenhauer bewies ganz zurecht, dass Kants praktische Vernunft eigentlich nicht moralisiere, sondern eine Rechtsphilosophie begründe (wie ja auch der Gott des AT primär keine Moral predigt, sondern sein Gesetz enthüllt), „daher sie nur dem vernünftigen Egoismus dienen kann, dem alle gesetzliche Verfassung ihren Ursprung verdankt", und „auf die Verhütung des Unrechtleidens gerichtet" sei. („Die Welt als Wille und Vorstellung", Leipzig 1919, S. 695). „Als Basis der Staatslehre wäre es vortrefflich, als Basis der Ethik taugt es nicht." (a.a.O., S. 694). Z.B. ist die amerikanische Verfassung, welche die Abhängigkeit von Menschen durch Abhängigkeit von Gesetzen ersetzt hat, ein politisches Säkularisat des AT, laut Michael *Walzer* in „Exodus und Revolution" (Berlin 1988).

Nietzsche : „Schopenhauerisch ist Wagners Hass gegen die Juden ..., die Juden sind ja die Erfinder des Christentums!" (Fröhliche Wissenschaft, Nr. 99). „Die Antisemiten vergeben es den Juden nicht, dass die Juden 'Geist' haben und Geld. Die Antisemiten - ein Name der 'Schlechtweggekommenen'." (Der Antichrist, Nr. 27).

„Europa ist gerade in Hinsicht auf Logisierung, auf reinlichere Kopf-Gewohnheiten den Juden nicht wenig Dank schuldig : voran die Deutschen, als eine beklagenswert deraisonnable Rasse, der man auch heute noch zuerst 'den Kopf zu waschen' hat. Überall, wo Juden zu Einfluss gekommen sind, haben sie feiner zu scheiden, schärfer zu folgern, heller und sauberer zu schreiben gelehrt : ihre Aufgabe war es immer, ein Volk 'zur Raison' zu bringen." („Fröhliche Wissenschaft", Nr. 348). „Ich bin noch keinem Deutschen begegnet, der den Juden gewogen gewesen wäre ..." (Jenseits von Gut und Böse, Nr. 251).

Aber : „Alle feinere Servilität hält am kategorischen Imperativ fest." („Fröhliche Wissenschaft", Nr. 5) Nietzsche war humaner als sein Denken. Einerseits heißt es bei ihm wie bei Schopenhauer : „Selbstsucht nämlich ist es, sein Urteil als Allgemeingesetz zu empfinden ..." (a.a.O., Nr. 335). Anderseits solle jeder seinen eigenen kategorischen Imperativ erfinden, und ihre Generalisierbarkeit beweise nur die mangelnde Individualität einer Maxime.

Nietzsche wollte nicht wahrhaben, dass die „Sich-selber-Gesetz-Gebenden", wenn sie nicht fremdbestimmt leben wollen, sich Kants Gottesgesetz geben müssten, statt es mit Kadavergehorsam zu verwechseln, gegen den dann ausgerechnet die griechische Sklavenhalterei ausgespielt wurde. Nietzsche tat so, als würde Kant nur rechtfertigen, was die Herden-Allgemeinheit tue. Ausgerechnet der kranke Apologet Cesare Borgias schrieb : „Der kategorische Imperativ riecht nach Grausamkeit." (Genealogie, Nr. 6). Nietzsches goldene Regel bestand nach Shaw darin, dass es keine goldene Regel gebe.

Autonom ist, was durch Generalisierung nicht antinomisch wird. Den Diskurspragmatikern um *Apel* und *Habermas* steckt in Kants Imperativ zu viel bewusste Monologik und zu wenig bewusstlose Kommunikation. Kant denke gleichsam nur für andere mit und lasse sie gar nicht zu Wort kommen. Kant fragt mit dem AT, ob ich das, was ich will, noch wollen kann, wenn auch andere es wollen, aber Habermas fragt andere, was sie wollen, und macht die Wahrheit abhängig vom Konsens mit ihnen, weil bloße Übereinstimmung eines Individuums mit sich selbst schon heteronome Unterwerfung unter das Identitätsprinzip bedeute.

Gottes Grundgesetz ist keine Moral, um Menschen zu versklaven, sondern eine ganze Revolutionstheorie, um Sklaven zu befreien. Der „Exodus" war ein „Auszug aus dem ägyptischen Sklavenhaus". Das „Gelobte Land" war nicht nur ein Ziel, sondern auch ein bloßes Alibi, denn das Ziel der Wanderung war die Wüste selbst. Die Zerstörung des Tempels zerstreute das Volk zu dem einzigen Zweck über die Welt, dass sie das göttliche Gesetz in der Welt verbreiten, statt es nur eifersüchtig als Nationaleigentum vor der Welt und vor sich selbst hinter hohen „Zäunen" zu verstecken. Der Philosoph hätte den universalen Wahrheitsgehalt der drei Monotheismen, die ja im Grunde ihre eigenen demokratisierbaren Entmythologisierungen sind, vor ihren partikularen Selbstmissverständnissen zu schützen. Das Schriftgesetz ist selbst das „Gelobte Land", das den „Prototyp der ganzen Menschheit" *(Heine)* schuf. Die Bibel ist keine Theologie, sondern eine Theorie. Die verifizierbar und falsifikabel formulierte biblische Theorie wartet auf ihre wissenschaftliche Überprüfung und philosophische Reflexion, statt ausgerechnet von Ideologen zum bloßen Gegenstand von Ideologiekritiken gemacht zu werden. Die Religion sagt, welche Strafe auf Verletzung göttlicher Gebote und Schöpfungsgesetze folgt : Die wissenschaftliche Philosophie „prophezeit" und prognostiziert, welche Auswirkungen die Missachtung oder Unkenntnis von Naturgesetzen hat.

Jeder Mensch, was auch Marx dazu sagen mag, ist zwischen Geburt und Tod so frei von allen materiellen Dingen, dass er sein Leben umso mehr selbst bestimmen kann, je weniger er mordet und raubt, hurt und verleumdet, dass er durch symbolische Beschneidung sich den Rückweg in den Mutterschoß abschneidet und doch nicht seine Eltern verleugnet, sich beim Essen nicht mit toten oder aasfressenden Tieren vermischt, die originale Schöpfung nicht mit schöpferischen Bildern verwechselt usw. Heideggers „Seinsdenken" gilt als konkret, weil er existenzielle Selbstbestimmung von Stimmungen abhängig macht, und ist gemessen am rationalen Realismus der Bibel denkbar abstrakt.

Sein Schüler Peter v. Haselberg kannte Adorno „in seinen abgründigen Hassausbrüchen auf jegliche Erneuerung von Religiosität ... Aus dieser Richtung fürchtete Wiesengrund Unheil für seinen neuen Freund Horkheimer durch ... Leo Löwenthal und Erich Fromm." („text und kritik", München 1977, 12).

„Entweder müsste man sie (ergänze : die geoffenbarten Lehren) den veränderten Zeitläuften anpassen; das wäre mit der Autorität von Offenbarung unvereinbar. Oder man präsentierte die gegenwärtige Realität mit Forderungen, die unerfüllbar sind oder an ihr Wesentliches, das reale Leiden der Menschen, nicht mehr heranreichen." „Ein jüdischer Dichter hat einmal mit Recht geschrieben, im Judentum und im Christentum herrsche Dorfluft", schrieb Großstädter Adorno: „Darum sehe ich keine andere Möglichkeit als äußerste Askese jeglichem Offenbarungsglauben gegenüber" und seiner philosophischen Reflexion zugleich.

„Die sozialistische Lehre klingt schön im Munde von Reichen", schrieb der Dichter S. J. Agnon.

Der Industrialismus steht und fällt mit dem Bürgertum und umgekehrt die Autonomie des Bürgertums mit der Autonomie der Industriewelt. (Joel 3,2): „Sogar den Knechten und Mägden werde ich zu jener Zeit meinen Geist geben", sprach der HErr, und von diesem Geist war Adorno nicht erfüllt.

Der polnische Aphoristiker Lee war vom Spruchgut der talmudischen Mischna beeinflusst, die deutschen Aphoristiker Kraus, Adorno und Canetti nicht.

Kant und die Folgen. Kategorische Gotteseinzigkeit und Weltvielfalt spiegeln sich in kategorialer Verstandeseinheit und sinnlicher Mannigfaltigkeit. Kants Sittengesetz war schon selbst jenes Naturgesetz, gegen das Fichte es fälschlich mobilisierte, indem er Gott mit dem „intelligiblen Ich" vermischte. Alttestamentarisch ist an Kant auch, dass er als einziger der deutschen Idealisten kein überzeugter Christ war und seinen Idealismus im Unterschied zu seinen Nachfolgern auch nicht als Philosophie des Protestantismus verstand. Der Messias ist noch nicht erschienen, das Reich Gottes ist noch nicht angebrochen : die Nicht-identitäten von Erscheinung und Ding an sich, Gott und Welt, empirischem und intelligiblem Ich, Verstand und Sinnlichkeit, Causalität der Natur und der Freiheit sind Bedingungen der Notwendigkeit des göttlichen 'Gesetzes'. Diese Nichtidentität ließe sich auch als Klassendifferenz deuten. Wenn Adornos Vermutung zutrifft, dass sich in Kants „intelligiblem Ich" die menschliche Gesellschaft idealistisch chiffriert, dann haben die Herren transzendental-apriorisch immer schon über die Welt bestimmt, von der sich der ,Interne Realismus' (Hilary *Putnam)* der Knechte dann empirisch a posteriori bestimmen lässt.

Schelling fiel hinter Kant soweit zurück, wie er über ihn hinausgegangen zu sein dachte. Marx verteidigte Schellings „aufrichtigen Jugendgedanken" gegen dessen absolutes Subjekt-Objekt. Für den Marxisten Jörg *Sandkühler* war Schelling progressiv als Naturphilosoph der französischen Revolution und reaktionär als Idealist gegen Sozialismus und Naturwissenschaft zugleich. Schon Kants *Opus postumum* war der romantischen Naturphilosophie nicht anders überlegen gewesen, als Newtons Farbenlehre der Farbenlehre Schopenhauers und die Physik der Poesie überlegen ist.

Gegen Marxens, Blochs und Heideggers Rückgriffe auf Schelling, gegen Schellings Rückgriff auf Spinozas urmütterliche Natursubstanz, an Kant vorbei und gegen Fichtes Subjektivismus, wäre dasselbe einzuwenden, was die Schriftgelehrten seiner Zeit schon gegen Spinoza vorgebracht hatten. − Schelling machte aus Spinozas blasphemischem 'Deus sive natura' nur eine fruchtbare „natura naturans in Deo" und verlegte den Schöpfer nicht in seine Schöpfung, sondern umgekehrt die Schöpfung in den Schöpfer selbst. Philosophischer

Antimonotheismus lässt sich im Spinozismus trefflich verstecken. Bei Schelling vereinigte sich die spinozistisch-gnostische Vereinigung von Gottvater und Mutter Natur mit der christlichen Vereinigung von Vatergott und Menschensohn zu einem gleichzeitig protestantischen und naturheidnischen Antimonotheismus. Was gegen Schelling bis heute spricht, sprach schon gegen Spinoza. Für Schelling war das AT „immer entweder potentielles Christentum oder gehemmtes Heidentum ..." („Philosophie der Offenbarung" 1841, Frankfurt/M. 1977, S. 284 ff.)

Der naturbeherrschende Geist ist bei Schelling zur zweiten Natur geworden und wird bei Marx wie die erste Natur bearbeitet. Die Naturalisierung Gottes führt nur zur Vergötterung der Natur, und das Schöpferische der Schöpfung ohne Schöpfer wird bei Marx zur Erzeugung von Lebensmitteln als Zeugungsmittel des Lebens. Bei Hegel „gebiert der Sohn die Mutter, der Geist die Natur", kritisierte Marx, bei dem wie bei allen *Mater*ialisten das Menschenkind nun zwar von Mutter Natur, aber ohne Vater gezeugt wird. Die calvinistische Selbsterzeugung des Menschen durch Arbeit hatte Protestant Marx von Protestant Hegel unbefragt übernommen, und Adorno fürchtete, der Marxismus erst habe die Welt zu einem vollendeten „Arbeitshaus" gemacht.

Das „empirische Ich" ist der „Naturcausalität" des Gesetzes voll unterworfen. Der Schöpfer gibt seinem Geschöpf das Gesetz, sich sein eigenes Gesetz selbst zu geben, und das „intelligible Ich" kann sich sein Gesetz nicht selbst geben, ohne das Gesetz Gottes zu erfüllen, die konkreten, allgemeingültigen und vernünftigen Rahmenbedingungen der Möglichkeit individueller Selbstbestimmung. Wie ein Philosoph sich zu Kants Kritik der praktischen Vernunft verhält, so verhält er sich zum AT, ließe sich ohne große Übertreibung sagen. Die Gretchenfrage, wie es einer mit dem „kategorischen Imperativ" hält, wäre als Tiefenkriterium für philosophischen ATheismus gar nicht so unbrauchbar.

Nach Gerhard Neumanns „Ideenparadiesen" (München 1976) ist Kant mit seiner „zweiten kopernikanischen Wende" vom kanonischen Kodex des christlichen Kosmos zur freien Subjektivität nun zugleich auch der philosophische Ahnherr der deutschen Aphoristik gewesen. Ist es Zufall, dass der deutsche Philosoph des Alten Testaments zum Schirmherrn des ersten, des „aphoristischen Jahrzehnts" im 19. Jahrhundert ernannt wurde? Handle so, dass deine aphoristische „Maxime" allgemeingültig werde. Diese Maximen sind Ausnahmen, die die „goldene Regel" nicht verletzen, sondern bestätigen. Sie kündigen die falsche Übereinkunft von heute, um die wahre Allgemeingültigkeit von morgen zu begründen. In rascher Folge erschienen zwischen 1798 und etwa 1809 plötzlich rationale Fragmente geistreicher Originalität : Lichtenberg, Jean Paul, Novalis, Friedrich Schlegel, Seume und Goethe. Das trat auf als Revolte der Aufklärung gegen klerikal-feudale Bevormundung und war unerkannt doch auch inspiriert von Kants Rückgriff hinter die christliche Liebe auf das Grundgesetz Gottes.

Was im AT objektives Naturgesetz ist, wurde beim Pietisten Kant zum subjektiven „Sittengesetz" verinnerlicht. Aber schon Kant formulierte den „Imperativ der Pflicht" : „Handle so, als ob die Maxime deiner Handlung durch deinen Willen zum *Allgemeinen Naturgesetz* werden sollte." („Grundlegung zur Metaphysik der Sitten", Stuttgart 1978, S. 68).

Hegel reagierte auf Kants „kategorischen Imperativ" nicht viel anders als Luther auf das Gesetz : es sei unerfüllbar und ein nur im „schlecht Unendlichen" erreichbares Ideal. Dagegen sagt das AT : „Das Gesetz, das ich euch heute gebe, ist nicht zu schwer für euch und auch nicht unerreichbar fern. Es schwebt nicht über den Wolken, ... es ist auch nicht am Ende der Welt" (5. Mose 30, 11-13). Das AT versteht es als Geschenk, das von der Bürde der Tyranneien befreit, und nicht wie das AT als „Joch", das von der körperlosen „Liebe" befreit. Hegel missverstand als moralisches Plansoll, was als objektives Naturgesetz gedacht ist, das ja auch nicht „ungestraft" missachtet wird. Gegen das vermeintlich „abstrakte Ansichsein und bloße Seinsollen" verteidigte er dann die real existierenden Konventionen der *Lebenswelt*, die preußischen „Sitten und Gebräuche", nachdem der Code Napoléon 1815 gestürzt war. Man kennt Kants eigenes Beispiel : Der Grundsatz, ausgeliehenes Geld nicht zurückzugeben, ist falsch, weil er sich nicht verallgemeinern lässt. Wenn jeder nach diesem Grundsatz handeln würde, könnte niemand mehr nach diesem Grundsatz handeln und niemandem würde mehr etwas geborgt. Hegel hielt den trivialen für einen triftigen Einwand, dass dieses Beispiel eine Welt voraussetze, die das Privateigentum kenne, und Bloch verkehrte das zum Denkfehler, dass Kants Imperativ erst in einer klassenlosen Gesellschaft sinnvoll würde. Hegels Gewissensethik ist nicht nur verinnerlichtes Sittengesetz, sondern so weit hinter Kants Imperativ zurück, wie er sich darüber erhaben dünkt. Hegel ersetzte Kants „moralische Weltanschauung" durch christliche Toleranz zwischen Macht und Geist. Das Absolute sei die Absolution, die die 'schöne Seele' des Romantikers Novalis und der krude Tatmensch Napoleon einander gewähren. Mit diesem historischen Opportunismus endete die Moral der „Phänomenologie des Geistes" kurz vor dem Dreischritt Marsch von Kunst, protestantischer Religion und idealistischer Philosophie. Kants Gesetz mache Gott zur Mohrrübe, die unerreichbar vor dem Esel baumle, der den Wagen ziehe. Hegels Esel zieht den Karren nur aus dem Dreck, wenn er diese Rübe auffressen darf. Kants Gesetzesfestigkeit wird von Deutschen als preußischer Rigorismus kritisiert, Hegels Relativismus aber als vernünftiger Realismus gefeiert. Aus dem Begriff des Wahren, Guten, Schönen und Heiligen folgt bei Hegel auch schon dessen reale Existenz, bei AT und Kant nicht. Er widerspricht sich, wo er das „ganze Nest gedankenloser Widersprüche", die er im alttestamentarischen Sittengesetz Kants entdecken will, gerade nicht wie sonst in seinem System zum Siegel der ganzen Wahrheit erhebt. Die Sittlichkeit brauche bei Kant die Sinnlichkeit, die sie aufheben wolle, wie die Polizei das Verbrechen brauche, das sie gleichzeitig verfolge und neu erzeuge. Hegel vergaß, dass der Mensch neben seinem Geist noch einen unaufhebbaren Körper hat und der Christ nur eine unsterbliche Seele. Wer seinen Körper ganz 'aufhebt', braucht kein biblisches Gesetz, und wer es erfüllt hat, hat keinen Körper mehr, sagt der Christ Hegel ganz zurecht. Für das Gesetz spricht aber genau, was dem Christen dagegen spricht. Richtig ist für Kant wie fürs AT, was bei Verallgemeinerung sich nicht selbst widerspricht, und was sich widerspricht, existiert nicht. Der Chassid sagt, das Böse sei ein Mangel an Sein und kein Sein sui generis. Bloße Übereinstimmung mit sich selbst ließen Hegel wie Adorno nicht als ein Wahrhaftigkeitskriterium gelten.

Hegel übersah, dass Kant nicht das „sinnliche Begehrungsvermögen" bremsen wollte, sondern wo es der autonomen Selbstgesetzgebung widerspricht. Hegels

„Phänomenologie des Geistes" brachte die Unpartei-
lichkeit von Kants kategorischem Imperativ nicht zufällig
mit dem wahllosen „Tugendterror" jakobinischer Guillotinen zusammen.

Auch die Jenaer Frühromantiker zehrten noch von
Kants zweiter kopernikanischer Wende. Der „magische
Idealist" Novalis und Fichte als Pate der „progressiven
Universalpoesie" lebten von der Freigabe einer bürger-
schrecklich originellen Subjektivität gegen den bieder-
meierlichen Konsens. Das aphoristische Fragment über-
führt die herrschende Allgemeingültigkeit der bloßen
Absonderlichkeit und erhebt seine eigene Besonderheit
zur Allgemeingültigkeit von übermorgen.

„Es ist vollbracht" : Bei Protestant Hegel sind Sein und
Bewusstsein in Gottessohn systematisch versöhnt durch
alle Bereiche des Universums hindurch. Sein und Bewusstsein sind dagegen noch nicht identisch für den liberalen Adorno und sein aphoristisches Fragment in den
„Minima Moralia" : „Das Ganze ist das Unwahre".

Durch seine aphoristisch „bestimmte Negation" des
Hegelschen Systems kehrte er aber zu Kant nur zurück,
um in dessen Sittengesetz und „Gewissen" die Stimme
Big Brothers misszuverstehen. Adornos Kritik an Kant ist
dort triftig, wo er das unidentifizierbare „Ding an sich"
gegen Hegels Totalitarismus des absoluten Ich verteidigt,
und wird dort falsch, wo er durch Kants „praktische
Vernunft" hindurch das Gesetz seiner Väter angreift. Der
Pietist Kant dachte alttestamentarischer als der Protestant
Hegel und der assimilierte Adorno. Hegels absoluter
Idealismus ist eine Metaphysik des Neuen Testaments,
Kants transzendentaler Idealismus eine Philosophie des
Alten Bundes. Aber der materialistische Angriff weder
des evangelisch getauften Karl Marx noch des liberal
assimilierten Adorno auf Hegels christliche Metaphysik

war eine Rückkehr zum Kant des AT. Adorno erkannte im Heiligen Geist nicht den HErrn über die Herren der Welt wieder, sondern nur einen Super-Diktator, und im Gesetz seiner Väter das Gesetz des Dschungels. Wo es gegen das biblische Gesetz geht, ging Adorno sogar mit seinem Intimfeind Heidegger d'accord. Die Existenz-philosophen wollten das göttliche Prinzip menschlicher Selbstgesetzgebung retten, ohne die Zehn Gebote seiner objektiven Rahmenbedingungen anzuerkennen, in denen sie nur repressive Heteronomie witterten. „Die Subjekti-vität ist die Wahrheit" : Der protestantische Dialektiker *Kierkegaard* sah im objektiven Naturgesetz des AT nur noch die objektivistische Selbstentfremdung statt die allgemeine Bedingung individueller Selbstbestimmung. Die geforderte Allgemeingültigkeit der Individualität war für ihn ein Hindernis und kein Konstituens des In-dividuums. An Hegels „substantieller Allgemeinheit" stieß ihn schon das Gleiche ab wie später seinen Kritiker Adorno, und es ist kaum Zufall, dass sie beide aphori-stische Fragmente geschrieben haben.

Wenn der Oldenburger Säkularprotestant Karl Jaspers, von den protestantischen Fragmentaristen Kierkegaard und Nietzsche tief beeindruckt, letztlich an die Arme eines mütterlich „Umgreifenden" und an kein Gesetz der Väter dachte, verfuhr er nicht viel anders als die Gegner Heidegger und Adorno zugleich. Du sollst dir ein Bild von der Welt machen, aber kein Bildnis, das dann zwi-schen dir und der Welt steht. Adorno verstand das Bil-derverbot so, dass das utopisch „ganz Andere" nicht konkret auszupinseln sei. Kunstverbot sei das Verbot, wahre Kunst über bilderlose Wahrheit zu stellen. Das Objekt habe Vorrang vor dem Subjekt, und das Original sei der Kopie vorzuziehen, aber der Kunst räumte er alles ein, was er der Religion entzogen hatte. Frankfurter Lehrhausreformer wie Buber und Rosenzweig verspottete er als „Religionstiroler". Er wollte das Gesetz der Väter aufgehoben wissen. Da machten die antiautoritären Studenten der Frankfurter Universität ihn kurzerhand zu ihrem geistigen Vater, an dem sie den Vatermord, den Adorno immer gepredigt hatte, proben konnten. Der geistige Vatermord der antiautoritären Studenten am geistigen Vater des Vatermords war die konsequente dialektische Anwendung der Kritischen Theorie auf ihren Urheber. Seine antipatriarchalische Philosophie rächte sich an diesem philosophischen Patriarchen, der am Ende weniger ein Opfer seiner erklärten Feinde als nur seines eigenen Denkens wurde.

„Die empirische Unwiderstehlichkeit des psychologisch existenten Gewissens, des Überichs, verbürgt ihm (Kant), wider sein transzendentales Prinzip, die Faktizität des Sittengesetzes ... Noch in seiner äußersten Abstraktheit ist das Gesetz ein Gewordenes, ... Herrschaft auf ihre Normalform gebracht, die von Identität ..." (Negative Dialektik, Frankfurt 1975, S. 267 f.) Adorno forderte mit dem frühen Freud „die rücksichtslose Kritik des Überichs als eines Ichfremden, wahrhaft Heteronomen" und sah in der Autorität des Gewissens „nur bewusstlose Verinnerlichung von gesellschaftlichem Zwang ... Denn die unreflektierte Herrschaft der Vernunft, die des Ichs über das Es, ist identisch mit dem repressiven Prinzip ... Die Trennung von Ich und Überich ... ist dubios; genetisch führen beide gleichermaßen auf die Verinnerlichung der Vaterimago." (a.a.O., S. 269). „Kritik des Überichs müsste Kritik der Gesellschaft werden, die es produziert ..." (a.a.O., S. 270). In Wirklichkeit ist es genau umgekehrt: Kritik der Gesellschaft ist nur durch ein Überich möglich, das sie nicht produziert, wenn es nicht familiär produziert wird. „Was jedoch in jüngster Zeit sich zuträgt, ist die Veräußerlichung des Überichs zur bedingungslosen Anpassung ... " (a.a.O., S. 271), aber vielleicht verdankt sich diese Anpassung nicht einem Zuviel, sondern einem Zuwenig an Überich, denn die Gewissenlosigkeit und nicht „das Gewissen ist das Schandmal der unfreien Gesellschaft" (a.a.O., S. 272). Wenn das Überich gefallen ist, in dem das Prinzip Vater verinnerlicht ist, ist das Menschenkind der *Magna Mater* und den Manipulateuren der „narzisstischen Primärprozesse" hilflos ausgeliefert. „Im transzendentalen Subjekt, der als objektiv sich auslegenden reinen Vernunft, geistert der Vorrang des Objekts" (a.a.O., S. 272), auf den Adorno zurecht so großen Wert legte, dass er ihn in keinem Naturkult verkörpert sah, sondern paradox nur im Fragment, also in rationaler Selbstkritik der typisch alttestamentarischen Ratio. „Nur Begriffe können vollbringen, was der Begriff verhindert." (a.a.O., S. 62). „Nur Gehirnakrobatik hat noch Beziehung zur Sache, die sie nach der fable convenu ihrer Selbstbefriedigung zuliebe verachtet." (a.a.O., S. 45) Aphoristische Philosophie „ist die Anstrengung, über den Begriff durch den Begriff hinauszugelangen." (a.a.O., S. 27)

Die deutschen Philosophen haben nie begriffen und wollten nichts davon wissen, dass die fällige Revolution nicht in der Aufhebung, sondern in der Erfüllung des göttlichen Gesetzes liegt. Ernst *Bloch* spielte mit seinem „Atheismus im Christentum" den christlichen Menschensohn gegen den alten Vatergott aus. Der bei Heidegger promovierte Herbert *Marcuse* setzte in „Triebstruktur und Gesellschaft" gegen das „kapitalistische Realitätsprinzip" auf ein primärnarzisstisches „Nirwanaprinzip" : Menschenkind und Mutter Natur erschlagen gemeinsam das Prinzip Vater, um ungestört miteinander allein(s) zu sein. Marcuses konservativ-revolutionäre „Erinnerung an das Urmutterrecht" will die „prägenitale Moral einer Identifizierung mit der Mutter" : „Es kommt im Bestehen eines Kastrationswunsches anstelle einer Kastrationsdrohung zum

100

Ausdruck". „Wie Narziss protestierte Orpheus gegen die unterdrückende Ordnung der zeugenden Sexualität ... die 'Große Weigerung'." In den „geschichtsphilosophischen Thesen" hatte Walter *Benjamin* verstanden, dass soziale Revolution und Reich Gottes auf Erden nur dadurch mystisch konvergieren, dass sie politisch antiparallel verlaufen, weil Veränderung der Welt und Vergänglichkeit aller Dinge Formen des Nihilismus seien. Benjamin machte den noch heute revolutionstheoretisch zukunftsträchtigen Versuch, Monotheismus und Proletarismus zusammenzudenken.

Adorno verübelte ihm seine Nähe sowohl zum Kabbalisten Scholem wie zum Bolschewisten Brecht. Wie Kafka suchte Benjamin vergeblich Zugang zum „Gesetz", brachte aber wenigstens das „grobe Denken" Brechts und die MA-Mystik zusammen. Leider steckte er am Ende aber nur Stalin in den messianischen Schachautomaten beim Versuch, umgekehrt sich selbst im marxistischen Schachautomaten zu verstecken.

Adorno und *Horkheimer* schütteten das Arbeiterkind mit dem stalinistischen Stahlbad aus und wurden antipatriarchalisch und antiproletarisch zugleich. Bloch, Benjamin, Adorno und Horkheimer waren eher geistig unbeschnittene *„Phimosophen"* als Philosophen. Ihre philosophischen Vorhautverengungen verführten diese rückwärts gewandten Propheten dazu, sich den Rückzug hinter die Vorhaut in den Mutterleib der Natur immer offen zu halten. Bei allem programmatischen Materialismus waren sie nicht realistisch genug, auch nur an Speisegesetze zu denken. Hannah *Arendt* blieb zeitlebens an ihre Jugendliebe Heidegger philosophisch noch stärker gebunden als an ihren Lehrer Jaspers. Simone *Weil* folgte den Arbeitern, aber verachtete ihre Religion nicht weniger als ihren eigenen Körper.

Ist der philosophische Universalismus bei atheistischen Universitätsprofessoren noch gut aufgehoben?

Am Geschichtsschluss der *Phänomenologie* steht der *absolute Geist* von Kunst, Religion und Philosophie des *absoluten Wissens.* Philosophie sage in Begriffen und Gedanken dem Gebildeten dasselbe, was Religion dem Volk in Bildern und Gefühlen vermittle. Jesus spiele seinen himmlischen Vater wie Schauspieler ihre Helden, aber das „sinnliche Scheinen der Idee" in der Kunst ende in romantischen Fragmenten von Novalis und Friedrich Schlegel, denen Hegel nur boshafte Eitelkeit und Frivolität bescheinigte.

Ist das große Ganze, welches mehr und anders ist als alle verabsolutierten Teilwahrheiten, mit Hegel das einzige Wahre oder laut Adorno das nur Totalitäre?

Tiefenpsychologischer Deutungsversuch

Das Bewusstsein ist bewusstes Sein, weil das Sein unbewusst gewordenes Bewusstsein ist. Aber nicht die Natur hebt Hegel in Geist auf, sondern nur den Geist, soweit er sich selbst zur (zweiten) Natur wurde. Die „Krugsche Feder" ist nicht eo ipso das „Außer-sich-sein des Geistes". Ihr Sein geht erst da auf in das Bewusstsein, das sich von ihr gewinnen lässt, wo sie etwa ein Phallussymbol wird, diese Bedeutung aber aus ihr verdrängt wird und doch hinterrücks − als philosophische Hinterwelt − die Beziehung zu ihr insgeheim systematisch tangiert, verzerrt und verfälscht. Dazu aber muss der Geist vor sich selbst und vor anderen verbergen, *dass* er sich selbst durch Projektion in und hinter jener Schreibfeder verbirgt, die als solche - an sich - natürlich nicht darin aufgeht, Symbol für eine verdrängte phallische Bedeutung zu spielen. Krugs Feder ist nur soweit ins Bewusstsein aufzuheben, wie in ihr etwa eine phallische Bedeutung unbewusst geworden ist, deren Symbolträger sie wurde. Kurz : Was aus dem Bewusstsein verdrängt wird, taucht nicht in magischer Transsubstantiation als Krugs Feder in der Natur auf, sondern in der ganz unbewusst werdenden phallischen Nebenbedeutung dieser Feder, ihrem geheimen Hintersinn. Was Hegel das mit ihrem Begriff identische Wesen dieser Feder nennt, ein Wesen, das hinter den kontingenten Eigenschaften ihrer materiellen Beschaffenheit verborgen ist, ist ihre Eignung dazu, eine unbewusst gewordene

Bedeutung zu repräsentieren. Wenn ich ins Bewusstsein hebe, was verdrängt und damit unbewusst wurde, *dass* nämlich diese Feder „im Grunde" als Phallus behandelt wird, dann habe ich die Feder genau so weit aus dem Bewusstsein abgeleitet, wie sie eben auf Bewusstsein zurückführbar ist. Das Ich erkennt sich im Nicht-Ich wieder, soweit und nur soweit das Nicht-Ich das aus dem Ich verdrängte Ich ist.

Das Wesen des Verdrängten besteht für Hegel nicht in dem, *was* da verdrängt wurde, sondern *dass* es verdrängt wurde, auf dass es ins Bewusstsein zurückgeholt werde – und nur deshalb wird wichtig, *was* verdrängt wurde. Hegel ontologisiert nicht das Verdrängte und Desymbolisierte zum „Unbewussten" und damit zu einem Sein sui generis.

Das Sein ist auf das Bewusstsein nur soweit zurückzuführen, wie das Sein unbewusst gewordenes Bewusstsein ist. Wo Es war, soll Ich werden – soweit das Es eben unbewusst gewordenes Ich ist, nicht jenes Unbewusste, das sich in den Tiefen der somatischen Physiologie verliert und allerdings nicht restlos reduzierbar ist auf das, was davon ephemer ins Bewusstsein dringt.

Der Nervenpunkt von Marxens Hegelkritik wird schon hinfällig, wenn der Gegenstand des Bewusstseins bei Hegel in demselben Sinne nichts als eine Selbstvergegenständlichung des Bewusstseins ist, wie bei Freud das Verdrängte eine Selbstentfremdung des Ich ist unter dem Druck des Über-Ich. Auch bei Freud wird ja die verdrängte inzestuöse oder patrizidale Regung nicht dadurch bewusst gemacht, dass das Bezugsobjekt dieser Regung auf das Ich nur zurückgeführt, in den Narzissmus des Ich absorbiert und oralkannibalisch verschlungen wird. Wenn das Es dem Ich zugeführt wird, ist nicht die Außenwelt zum narzisstischen Spiegel des Ich herabgesetzt, sondern die magische Projektion des Ich auf die Welt ins Ich zurückgenommen und die Gefahr einer Verwechslung des Ich mit dem Nicht-Ich vermindert. Hegel hebt ins Bewusstsein nicht die natürliche Regung auf, sondern nur ihre Verdrängung. Das ist keine Unterwerfung des Ich samt Es unter das Über-Ich, keine Zustimmung des Ich zum Verdikt des Über-Ichs, sondern die Stärkung des Ich gegen Es *und* Über-Ich. Der Geist triumphiert bei Hegel über die Natur nicht wie bei Freud das Über-Ich über das Es und Ich.

Adorno wirft der Psychoanalyse vor, metapsychologisch gesprochen, das Ich zusammen mit dem Über-Ich gegen das Es aufzuhetzen. Die Unterscheidung zwischen Ich und Über-Ich sei dubios, wenn beide sich doch einig seien in der Unterdrückung des Es, beim Über-Ich kraft autoritären Verbots, beim Ich eben kraft resignierender Einsicht in die versagende Realität. Stellen wir die Diskussion dieser Kritik an Freud noch einmal zurück. Hegel jedenfalls erfüllt genau jene Forderung Adornos, die Macht des Subjekts über die Welt aller Objekte durch das Subjekt selbst zu brechen, bricht er doch die Macht der Objekte über das Subjekt nur soweit, wie das Subjekt in den Objekten sich selbst im Wege steht. Indem das ichfremde Objekt, welches das Subjekt sich selbst wird, in das Subjekt zurückgeholt wird, ist dem Objekt, das mehr ist als die Selbstentfremdung des Subjekts, der Vorrang vor dem Subjekt allererst voll zurückgegeben.

Jacques Derrida hatte in „Glas" („Totengeläut", Paris 1975) gezeigt, dass die dialektische Triade bei Hegel abläuft als folgender Kreis aller Kreise:

These	Objekt	Frau	Mutter
Antithese	Subjekt	Mann	Sohn
Synthese	Einheit	Kind	Mutter
		Triade	Dyade

Hermann Schmitz unterschied in der *dreiphasigen* Trinität das *zwei-* und *dreipolige* Dialektik-Konzept in „Hegels Logik" (Bonn 1992). Darin verbirgt sich unerkannt die Dialektik von Mutter Natur und Menschenkind *mit oder ohne* den vermittelnden väterlichen Dritten in ihrem Bunde.

Die Kopula jedes Urteils zielt ab auf sexuelle Kopulation von Mann und Frau, von Denken und Sein, von Begriff und Realität, von grammatischem, objektivem Prädikat (erkenntnistheoretisches Subjekt) und grammatischem Subjekt (erkenntnistheoretisches Objekt), von Form und Inhalt, von Geist und Natur. Im gezeugten Kind, ihrer Synthesis, seien Subjekt und Objekt auf jene berühmte dreifache Weise „aufgehoben", und diese synthetische Vereinigung der Gatten, die Frucht ihrer Liebe, sei dann wieder Thesis und Ausgangspunkt weiterer Generationenfolgen. Aus dem „Enzyklopädie"-Kapitel über die Dialektik der Sexualität schließt Derrida auf die unterschwellige Sexualität von Hegels Dialektik überhaupt, die auch darin ihren latent erotischen Ausdruck finde, dass die Antithese (Sohn) aus der Grundthese (Mutter) hervorgehe, um sich in der kopulativen Synthese wieder mit der Mutter (in seiner Gattin) zu vereinigen. Der begreifende Sohn trenne sich von der Frau, dem mütterlichen Schoß des Seins und der Substantialität nur, um sich am Ende - in der absoluten Idee - wieder mit ihr zu verbinden. Das maternale Sein sei Ursprung und Ziel dieser Erhebung des Bewusstseins aus dem Sein und über das Sein, und im männlichen Begriff erkenne das weibliche Sein sich selbst, komme es zu sich selbst wie der männliche Begriff im Schoß des Seins, dem er phylo- und ontogenetisch sich entrang. Der Begriff entstehe bei Hegel aus dem Sein allerdings durch das „Phantasma jungfräulicher Geburt": der Sohn will sich keinem Vater verdanken - um ungestört der Mutter beiliegen zu können. Hegels „absolute Idee" sei Vereinigung von Subjekt und Substanz, von Geist und Natur, von Sohn und Mutter in Abwesenheit eines Vaters, der ebenso sein eigener Sohn wie dieser je bei der Geburt schon sein eigener Vater sei.

Das unerschöpfliche Sein hält es nicht bei sich aus, wirft Söhne aus sich heraus, die es ins Leben und in die Unabhängigkeit nur entlässt, um sich am Ende wieder mit ihnen zu vereinigen, sie in sich zurückzunehmen und zurückzuschlingen. Am maternalen Sein, an Mutter Erde, gehen die Erdensöhne schließlich wieder „zum Grunde", von Mutter Natur wieder absorbiert in die pränatale Ureinheit, die im Tod der Erdensöhne oder im orgastischen Vergehen vor inzestuöser Lust erreicht ist. Die „Versöhnung" von Begriff und Realität in der *absoluten Idee* ist wörtlich zu verstehen : Vereinigung des Sohnes mit der Mutter, als Buße gleichsam für seine Trennung, die allein ihn Autonomie, Selbständigkeit und Unabhängigkeit finden lässt, allerdings als *ihr* potenter Phallus. Mutter und Kind differenzieren sich langsam aus der primärnarzisstischen Ursymbiose heraus. Diese Ausdifferenzierung verschärft sich zu ernster Differenz, da das Kind seine Selbst-Identität nur durch entwöhnende Trennung von der Mutter hindurch erreichen kann, durch Negation der Personalunion mit seiner Mutter, die selbst ein Interesse an der relativen Selbständigkeit ihres sich ablösenden Kindes haben muss, denn nur ein freier, starker phallischer Sohn kann ihren Penisneid befriedigen. Aber diese Ablösung des Begriffs vom Sein hat nur den Sinn und Zweck, den Begriff frei und autonom genug zu machen, dieses maternale Sein, von dem er sich freiarbeitet, nun zu „erkennen", d.h. sich diesem zu erkennenden Sein anzugleichen, um Wahrheit des Urteils übers Sein zu gewinnen, Wahrheit über die Ur-teilung von Mutter und Kind, Sein und Denken, Natur und Geist etc. Diese Wahrheit ist ihre Identität.

Der dialektische Widerspruch zwischen Mutter Natur und Erdensohn, ihre genitale Differenz und ihr Generationskonflikt als Kampf der Geschlechter, steht im Dienst ihrer inzestuösen Wiedervereinigung, und auch die Mutter muss ihren Penis frei in die Welt entlassen, um ihn zurückzubekommen in Gestalt eines Sohnes, der es im rauen Leben zu etwas gebracht hat, nämlich dazu, als großer und starker Penis ihr Penis zu sein, der alle ihre Kränkungen am enttäuschenden Gatten rächen wird.

Im Grunde paraphrasiert Hegel nach Derrida die Binsenweisheit, dass wir dorthin zurückkehren, woher wir kommen : in den Schoß der Mutter Erde. Das Sein entäußert sich im und als Begriff, die Mutter in ihrem Sohn, um sich selbst im Sohn als ihren Phallus zu erkennen, und der Begriff wagt den Tod, die Trennung vom heimischen Herd und von Erdenmutters Rockzipfel, um sich selbst schließlich im Schoß des Seins zu realisieren.

Die „Phänomenologie des Geistes" ist dann die Geschichte der psychosexuellen Entwicklungen und Erfahrungen des Sohnes mit seiner Mutter, und die „Wissenschaft der Logik" die Darstellung nicht der Gedanken Gottvaters vor der Schöpfung, sondern der mütterlichen Phantasien, noch bevor sie ihr Kind in die Welt gesetzt hat. Sinn, Ziel, Zweck, Ende und Vollendung der (Lebens-)Geschichte ist stets die reale (Wieder-)Herstellung und geistige Rekonstruktion der frühen Mutter-Kind-Dyade auf der Ebene erwachsener Weltläufigkeit. Der Ursprung ist zwar das Ziel und das Ziel der Ursprung der realen *und* begriffenen Bewegung, aber dieser Ursprung, sofern von ihm ausgegangen wird, ist ein anderer als jener Ursprung, in den alle Bewegung als ihr Ziel einmündet. Nur durch die Geschichte hindurch ist der urmütterliche Ursprung erst *als* Ursprung entwickelt und begriffen und erobert. Wenn der Mensch in jenen Schoß der Erde zurückkehrt, aus dem er stammt, ist - in der

109

Einheit der begriffenen Realität und des realisierten Begriffs - der Mensch in und an seinem Ursprung und Ziel (und die Erde durch ihn hindurch als Erde) zu sich selbst gekommen. Der Sohn wird durch Lösung von der Mutter und durch Wiedervereinigung mit der Mutter erst Sohn, die Mutter durch ihren phallischen Sohn erst Frau; sie „erkennt" sich selbst in einem Sohn, der sich realisiert in ihr, aus der er immer wieder kommt und in die er immer wieder eingeht. Diese „Synthesis" ist deshalb mehr als die Thesis, weil die Rückkehr in die Mutter-Kind-Einheit am Ende des Lebens diese Ausdifferenzierung von Mutter und Kind aus der Urmonade voraussetzt. Synthesis ist dann Einheit von Mutter und Kind, nicht eine Einheit noch *vor* der Bildung einer Mutter und eines Kindes : Einheit einer Mannigfaltigkeit und keine Einheit *vor* aller Vielfalt, deren Einheit sie ist. Das Problem der Kompatibilität von Einheit und Vielheit hatte schon die Vorsokratiker beschäftigt, und bekanntlich hat Hegel der Lösung Heraklits, der die Einheit als Einheit hochentwickelter Gegensätze verstand, den Vorzug gegeben vor der des Parmenides, der das Eine als dumpfe Einheit vor und unterhalb aller weltlich-geschichtlichen Mannigfaltigkeit ansetzte.

Die Differenz im Hegelverständnis von Adorno und Derrida ist gerade im Lichte unseres Interpretationsansatzes gut auszumachen. Nach *Derrida* ist die dialektische Thesis das Sein der Mutter, genauer, der „primärnarzisstischen" Mutter-Kind-Monade, fast in pränatalem Dämmerzustand, das Sein der Mutter noch als identisch mit ihrer Idee von einem Sohn, der noch nicht geboren ist. Die Antithesis wäre dann Geburt und Trennungsversuch des zunehmend selbstbewussten Sohnes aus der Umklammerung durch diese verstrickende Symbiose. Nach *Adornos* Verständnis ist mit der Thesis eher das Sein des Vaters gesetzt, des Vaters im Sohn : das Über-Ich im Bunde mit dem repressiven Realitätsprinzip. Antithetisch negiert der rebellische Sohn die Macht des Bestehenden, in dem sich nicht wie bei Derrida die archaische Mutterimago, sondern Landesvater Big Brother inkarniert hat.

Wir verstehen jetzt, warum Adorno alle Dialektik bei der Antithesis und Negation enden lassen will, da nach seinem Hegelverständnis die Synthesis eine Identifikation mit dem unterdrückenden Vater im Himmel, nicht wie bei Derrida eine (auch von Wiesengrund philosophisch intendierte) inzestuöse Vereinigung des Erdensohnes mit Mutter Erde bedeuten würde.

Hegels Thesis wird von *Derrida* verstanden als präödipale Mutter-Kind-Einheit, von *Adorno* als Über-Ich und von uns als ödipale Besetzung der geliebten Mutter und des gehassten Vaters. Hegels Antithesis wird von *Derrida* aufgefasst als Ich-Identität des sich von der Mutter befreienden Sohnes, von *Adorno* als der vom Überich unterdrückte und dagegen potentiell rebellierende ödipale Sohn, von uns als Verdrängung der ödipalen Regung unter der väterlichen Kastrationsdrohung. Hegels Synthesis wird von *Derrida* ergriffen als prägenitale oder inzestuöse Wiedervereinigung des Sohnes, der sich aus der präödipalen

Mutterbindung befreit hat, mit der geliebten Mutter, und wird von *Adorno* verweigert, weil eine Synthesis die Thesis und damit die Gewalt der paternalen Realität eigens legitimieren würde, weil Negation der Negation doppelte Bejahung des Vaters durch den gebrochenen Widerstand des Sohnes hindurch bedeuten würde. Und wir selbst verstehen Hegels Synthesis schlicht als therapeutische Aufhebung des Widerstandes gegen die Rückkehr des Verdrängten ins Bewusstsein, als eine Resymbolisierung der sprachlich exkommunizierten Naturregung, als heilendes Eingedenken des unter dem Bann Vergessenen.

Marx fürchtete, bei Hegel werde nicht nur die Verdrängung aufgehoben, sondern auch das Objekt selbst, dessen Besetzung verdrängt sei. Diese Befürchtung ist nicht völlig grundlos. Wenn der Psychoanalytiker die Verdrängung aufhebt, gibt er die verdrängte Regung nicht zum Ausagieren frei, sondern will helfen beim realitätsgerechten Verzicht des Analysanden auf Inzest und Patrizid. Nach Hegel und Freud sollen die reale Mutter und der reale Vater nicht *aufgehoben*, sondern die auf sie bezüglichen Wünsche aufgegeben werden. Das aber gerade fürchtet Adorno mit Marx gegen Hegel (und Freud). Das post-ödipale Ich-Ideal bei Freud ähnelt durchaus dem, was bei Hegel als geschichtlicher Endzustand angeboten wird. Aufgerufen wird zum Verzicht des Sohnes auf den Besitz der realen Mutter Natur, die an den Vater vergeben ist.

Die Verdrängung aufheben, heißt auch schon, das Objekt aufzugeben, dessen Besetzung da verdrängt worden war, und dann sich bescheiden mit der durch keinen Ödipuskomplex mehr belasteten Aneignung der übrigen realen Welt. Da entdeckte Marx, dass die übrige Welt nicht weniger an Herren vergeben ist für den Sohn wie die Mutter an den Vater. Der Sohn sieht die verbotene Mutter nicht nur in die Welt hinein, diese Welt ist wirklich nach dem Bilde der tabuierten Mutter konstruiert. In diesem Falle impliziert der Verzicht der Kinder auf den Besitz der realen Mutter den Verzicht auf die Aneignung aller weltlichen Güter. Freud argumentierte, die ganze Welt außer der eigenen Mutter sei für den Sohn dann zur Auswahl freigegeben, sobald er aufhöre, in der Welt die tabuierte eigene Mutter zu fürchten. Marx entdeckte, dass auch und gerade die ganze Welt außer der eigenen Mutter für den Sohn tabu ist. Der Genuss von Frau Welt ist - wie die eigene Mutter dem Vater - den Herren der Welt vorbehalten. Bekanntlich empfahl Marx, gegen die Kapitalisten real so vorzugehen, wie der Sohn gegen seinen Vater im Kampf um die Mutter vorzugehen sich träumt. Aber gerade der Ödipuskomplex ist es ja, der die Erdensöhne auch und gerade dann daran hindert, sich ihren Teil vom großen Mutterkuchen zu nehmen, wenn die Beseitigung der Vaterfiguren real möglich ist, wie Freud zu bedenken gab.

	Derrida	*Adorno*	*Hegel*
These	Sein (Mutter)	Begriff (Vater)	Es
Antithese	Begriff (Sohn)	Sein (Sohn)	Überich
Synthese	Ursymbiose	-------------	Ich